法学研究文丛
———刑法学———

数据权利刑法保护研究

李凤梅 著

图书在版编目（CIP）数据

数据权利刑法保护研究／李凤梅著．—北京：知识产权出版社，2023.5
（法学研究文丛）
ISBN 978-7-5130-8579-3

Ⅰ.①数… Ⅱ.①李… Ⅲ.①数据保护—刑事责任—研究—中国 Ⅳ.①D922.174

中国版本图书馆 CIP 数据核字（2022）第 249089 号

责任编辑：齐梓伊　　　　　　　　**责任校对**：潘凤越
执行编辑：杨　帆　　　　　　　　**责任印制**：刘译文
封面设计：智兴工作室

法学研究文丛

数据权利刑法保护研究

李凤梅　著

出版发行	知识产权出版社 有限责任公司	网　址	http://www.ipph.cn
社　址	北京市海淀区气象路 50 号院	邮　编	100081
责编电话	010-82000860 转 8176	责编邮箱	qiziyi2004@qq.com
发行电话	010-82000860 转 8101/8102	发行传真	010-82000893/82005070/82000270
印　刷	天津嘉恒印务有限公司	经　销	新华书店、各大网上书店及相关专业书店
开　本	880mm×1230mm　1/32	印　张	6.25
版　次	2023 年 5 月第 1 版	印　次	2023 年 5 月第 1 次印刷
字　数	150 千字	定　价	68.00 元

ISBN 978-7-5130-8579-3

出版权专有　侵权必究
如有印装质量问题，本社负责调换。

法治建设与法学理论研究部级科研项目成果

目录
CONTENTS

引 言 ‖ 001

第一章 数据权利的客体内涵及独立价值 ‖ 005
第一节 个人数据与个人信息 / 006
第二节 个人数据：数据权利的客体内涵 / 010
　　一、个人数据的立法规定 / 010
　　二、个人数据的应然内涵：个人痕迹数据化的提倡 / 013
第三节 数据权利独立价值的理论证成 / 018
　　一、个人数据权利基本属性的域外理论发展 / 018
　　二、我国个人数据权利基本属性的研究现状 / 023

第二章 共享社会模式下数据权利的刑事法律风险 ‖ 032
第一节 共享模式的提出、价值及数据要求 / 032
　　一、共享社会模式的提出 / 032

二、共享模式在现代化社会治理中的价值 / 033

三、个人数据共享是共享社会的必然要求 / 035

第二节 个人数据共享的刑事法律风险 / 038

一、国家数据权力视角下数据权利的刑事法律风险 / 039

二、企业数据权力视角下数据权利的刑事法律风险 / 043

三、跨境数据流动中数据权利的刑事法律风险 / 049

四、其他社会个体对数据权利可能形成的刑事法律风险 / 051

第三章 我国数据权利刑法保护的现状及存在问题 ‖ 055

第一节 数据权利刑法立法保护现状 / 055

一、前置性法律法规中关于数据权利的保护性规定 / 056

二、我国《刑法》关于数据权利保护的规定 / 063

三、附属刑法中关于数据权利保护的规定 / 070

第二节 数据权利保护刑事立法存在问题及其检讨 / 071

一、忽视特殊个人数据保护，刑法供给存在结构性缺失 / 071

二、关注个人数据的境内保护，数据跨境流动中的个人权利保护仍显不足 / 076

三、重视对个人数据的静态权利保护，未兼顾数据价值的动态转化 / 079

四、立法保护模式欠缺有效因应数据权利保护的现实需求 / 082

第三节 数据权利刑事司法保护存在的问题及其检讨 / 086

一、法律适用存在争议 / 086

二、事实认定存在争议 / 090

第四章 数据权利刑法保护的基本立场 ‖ 096

第一节 个人控制论立场的反思与检讨 / 097

一、个人控制论的立论基础值得质疑 / 099
　　二、数据的价值属性决定个人控制论的欠完备性 / 103
　　三、作为个人控制论核心的同意原则并不必然具有客观
　　　　合理性 / 107
第二节　社会控制论立场的证立 / 116
　　一、个人数据的公共属性决定数据权利保护的社会性 / 117
　　二、社会基础的改变为个人数据社会控制论提供现实
　　　　支撑 / 126
　　三、社会控制论有利于实现数据权利与数据权力之间的
　　　　平衡 / 129

第五章　数据权利刑法保护的体系构建　‖ 139

第一节　数据权利刑法保护的基本原则 / 139
　　一、数据权利保护必须从属于国家数据主权原则 / 140
　　二、数据权利保护必须兼顾个人社会责任的履行 / 144
　　三、数据权利保护必须以保障数据主体的合法权益为核心 / 149
第二节　数据权利刑法保护的立法模式选择 / 155
　　一、刑法立法模式选择的影响因素 / 156
　　二、我国数据权利刑法保护的模式选择 / 163
第三节　数据权利刑法保护的具体思路构设 / 165
　　一、关注数据整体安全，防止片面强调个人数据权利保护的
　　　　单项立法 / 165
　　二、兼及数据技术发展需求，寻求数据权利与数据权力之间的
　　　　平衡保护 / 179
　　三、完善附属刑法规范设定，明确跨境数据流动中的相关刑事
　　　　责任 / 184

引 言

"大数据"(Big Data)一词最早由美国科学家约翰·马西(John Mashey)于1998年的一次国际会议中提出。约翰·马西认为,随着数据量的快速增长,必然会出现基于大规模数据产生、流动而产生的难理解、难获取、难处理、难组织等难题,并将此定义为"大数据"。❶ 2012年,牛津大学教授维克托·迈尔-舍恩伯格(Viktor Mayer-Schönberger)及肯尼思·库克耶(Kenneth Cukier)在《大数据时代》一书中指出,随着大数据时代的来临,随机采样、精确求解、强调因果等传统的数据分析模式将演变为全体数据、近似求解以及注重关联无问因果的创新模式,❷ 由此从根本上改变人们的思维模式,引发一系列史无前例的伟大变革。这一创新模式首先吸引了商业领域的极大关注,引发自计算机领域

---

❶ 转引自梅宏:《大数据:发展现状与未来趋势》,http://www.npc.gov.cn/npc/c30834/201910/653fc6300310412f841c90972528be67.shtml,2021-05-22。

❷ 参见[英]维克托·迈尔-舍恩伯格、肯尼思·库克耶:《大数据时代》,盛杨燕、周涛译,浙江人民出版社2013年版,译者序。

向商业领域的关于大数据的深入思考与广泛讨论。

大数据是一种规模超出了普通数据库软件工具的捕获、存储、管理和分析能力的数据集。❶ 随着数据技术的发展,现代社会已然成为信息社会,社交网络、电子通信、全球定位系统等各种电子系统使得个人活动痕迹化、数据化,个人数据随时被各种电子系统所捕捉、所记录,由此导致海量的个人数据被收集、存储、分析与使用,数据处于史无前例的大爆发时期。而数据的激增导致数据效用被发掘与利用,尤其是随着海量数据的出现,数据的效用倍增,人类的记录范围、测量范围和分析范围不断扩大,知识边界不断延伸,大数据有力地改变了、也正在继续改变着世界。

大数据深刻影响着经济生活、社会生活乃至国家政治决策与安全,成为重要的战略资源,就此意义而言,人类已经进入了大数据时代。如何收集、管理和分析数据已日渐成为网络信息技术研究的重中之重,以机器学习、数据挖掘为基础的高级数据分析技术,将促进从数据到知识的转化、从知识到行动的跨越。❷ 早在2010年,已经充分认识到数据对于国家发展的重要意义,美国总统科学技术顾问委员会给总统和国会的报告《规划数字化的未来》中正式提出,联邦政府的每一个机构和部门都需要制定一个应对"大数据"的战略计划,❸ 为美国应对大数据时代所面临的挑战、保持数据战略在全球的领先地位奠定了良好的基础。

在我国,随着物联网、云计算以及人工智能等新技术的出现

---

❶ 麦肯锡全球研究院:《大数据:下一个创新、竞争和生产力前沿》,转引自[美]詹姆斯·R. 卡利瓦斯、迈克尔·R. 奥弗利:《大数据商业应用:风险规避与法律指南》,陈婷译,人民邮电出版社2016年版,第4页。
❷ 转引自涂子沛:《大数据》,广西师范大学出版社2012年版,第33页。
❸ See Designing a Digital Future, Page. xvii, The Presidents Council of Advisors on Science and Technology, Dec. 2010.

与发展,大数据已得到极大的发展,大数据时代不可避免地影响着人们的工作、生产和生活。如何有效地保护数据、利用数据,成为大数据时代中国发展的重要命题。习近平总书记在十九届中共中央政治局第二次集体学习时的重要讲话中指出,"大数据是信息化发展的新阶段",并作出了"推动大数据技术产业创新发展、构建以数据为关键要素的数字经济、运用大数据提升国家治理现代化水平、运用大数据促进保障和改善民生、切实保障国家数据安全"的战略部署,我国的大数据战略也由此拉开序幕。大数据在政治、经济、社会层面都是重要的战略资源,是国家基于大数据的战略价值所作的基本定位,也是保障我国大数据发展的重要论断。

大数据提供了一种人类认识复杂系统的新思维与新方法,对社会生活的各个方面都产生了前所未有的影响。法律作为社会生活最重要的规则之一,不可避免地受到社会发展的影响,任何法律都是社会发展的产物,任何法律实施的效果也必然要考虑其社会影响,大数据时代的法律也是如此。大数据的发展对传统的法律体系提出了前所未有的挑战,无论是基于立法论层面还是基于解释论层面,包括刑事法律在内的法律体系都必须对这一时代产物进行回应,以保证法律的时代性及其功能性。

大数据对法律的挑战是全面的、系统的,不仅涉及各个法律领域,也涉及社会生活本身的方方面面。其中,在大数据所引发的各类法律问题中,个人的数据权利保护问题尤其受到关注。究其原因,社会生活日益数据化,公民个人已成为数据的重要来源主体,尤其是随着现代社会中个人社会活动的加强,个人时刻都可能成为数据来源。而海量的个人数据不断地被收集、存储与利用,最终使得个人数据的规模呈指数式增长,其所蕴含的价值也随着数据规模的不断扩大而日益凸显。个人数据所蕴含巨大的经济价值与战略价值,对于任何一个国家而言,都具有不可忽视的重要作用,直接关系到国家的存立与发展,而与此同时,数据规模的迅速扩大无疑也加剧了数据权利的保护难度。这同时也表现在,个人数据不仅因关涉公民的人格权与财产权而具有私权性质,同时也因关涉国家安全、公共安全而具有公权性质,所以保护个人数据安全不应只基于私权视角的权利保护,也需基于公权视角。在厘清个人数据权利私权保护边界的同时,也应当从国家安全的视角出发,对其进行公权层面的严格保护。对个人数据权利保护现状的考察表明,与个人数据迅猛发展及数据权利亟须保护的现状相比,法律的滞后性与有限性使得个人数据权利保护面临重大挑战。

如何有效保护个人数据权利,已经成为包括刑法在内的各部门法的重要研究课题。虽然作为社会保护的底限规则,刑法在个人数据权利的保护方面一直在努力推进,也已经作出了重要贡献,但是,关于个人数据权利保护的刑法立场选择、保护的路径、相关的立法罪责设置,以及与其他法律规范的衔接等问题,刑法仍存在立法论与解释论层面的双重问题。基于此,界清个人数据的内涵及属性,明确数据权利面临的刑事法律风险及我国刑法在数据权利保护方面的现状与存在的问题,并在此基础上进一步明确刑法数据权利保护应当坚持的保护立场,探讨立法模式并构设数据权利刑法保护的具体思路,就具有了重要的理论价值与现实意义。

第一章
数据权利的客体内涵及独立价值

就其词源本义而言,"权利"一词泛指权势和财货。正如《荀子·劝学》所言:"君子知夫不全不粹之不足以为美也……是故权利不能倾也,群众不能移也。"《后汉书·董卓传》中记载:"稍争权利,更相杀害。"明方孝孺在《崔浩》中也曾言:"弃三万户而不受,辞权利而不居,可谓无欲矣。"甚至在某些情境下,权利被认为是贬义的、消极的,如"或尚仁义,或务权利",等等。究其根本,权利的本义在于利益,在于权利主体(即利益的拥有者或者支配者)可以基于自主决断而不受他人干涉地自行处分其权利,且当权利受到损害时,权利主体拥有受到救济的资格。随着生产力的发展与人类文明意识的不断增强,作为体系性规则的法律越来越成为规制社会活动、指引个体行为的普遍性规范。在经由习惯法向成文法转变的过程中,权利语言已经成为一种全球性现象,提供了一种表达实践理性要求的途径,成为法律层面的规范性语言。而数据技术的发展和大数据时代的到来，使得数据权利日益受到关注。如何使数据权利同其他权利一样受到法律保护，使数据权利主体能够在法律允许的范围内充分行使其权利并在权利受到损害时能够得到有效的法律救济，就成为当下必须妥善解决的时代命题。而关于数据权利的界定、数据权利与传统个人权利之间的关系、以及数据权利的价值等基础性问题，则是回应这一时代命题的前提性设置。

第一节　个人数据与个人信息

长期以来，在关于个人数据的表述方面一直存在分歧。例如，我国香港地区使用"个人资料"这一表述方式，对于个人数据的定义记载于我国香港地区《个人资料（私隐）条例》，"符合以下说明的任何数据：（a）直接或者间接与一名在世的个人有关的；（b）从这些数据直接或者间接确定有关的人的身份是切实可行的；（c）此类数据的存在形式令予以查阅及处理均是切实可行的"。我国台湾地区所谓的"个人资料保护法"则认为个人资料即个人数据，认为个人资料是指"自然人的姓名、出生日期、身份证的统一编号、特征、指纹、婚姻、家庭、教育、职业、健康、病史、财务状况、社会活动和其他足以识别个人的数据。"欧盟、英国在法律条文中一般采用"个人数据"的表述方式，而美国的法律条文则多采用"个人信息"的表述方式。但随着国际交流的不断加强，美国近年来也有部分学者使用"个人数据"的表述方式，尤其是个人数据中数据主体愿意公开并以此取得商业利益的。这部分数据本身虽然包含一定的个人信息，但基于隐私权的考虑，由于数据主体愿意公开的数据信息含量减弱,因而美国有从"个人信息"向"个人数据"转化的趋势。

我国相关立法基本采用的是"个人信息"这一表述方式。主要表现在:

(1) 2021年8月20日第十三届全国人民代表大会常务委员会第三十次会议通过的《中华人民共和国个人信息保护法》(简称《个人信息保护法》)明确采用了"个人信息"一词,并在该法第4条第1款明确其定义,规定:"个人信息是以电子或者其他方式记录的与已识别或者可识别的自然人有关的各种信息,不包括匿名化处理后的信息。"

(2)《中华人民共和国民法典》(简称《民法典》)第4编下设第6章"隐私权和个人信息保护",明确了"个人信息"的表述方式,在所涉第1034—1039条中也都采用了"个人信息"的立法称谓。其中第1034条第1、第2款规定:"自然人的个人信息受法律保护。个人信息是以电子或者其他方式记录的能够单独或者与其他信息结合识别特定自然人的各种信息,包括自然人的姓名、出生日期、身份证件号码、生物识别信息、住址、电话号码、电子邮箱、健康信息、行踪信息等。"该条规定不仅宣示了《民法典》对"个人信息"这一称谓的明确态度,更对其概念进行了"抽象+列举"式的混合界定。

(3)《中华人民共和国刑法》(简称《刑法》)第253条之一第1、第2款规定:"违反国家有关规定,向他人出售或者提供公民个人信息,情节严重的……违反国家有关规定,将在履行职责或者提供服务过程中获得的公民个人信息,出售或者提供给他人的,依照前款的规定从重处罚。"

(4)《中华人民共和国网络安全法》(简称《网络安全法》)

在第 4 章 "网络信息安全" 下所涉法条均采用 "个人信息" 的表述。例如,该法第 41 条第 1 款规定:"网络运营者收集、使用个人信息,应当遵循合法、正当、必要的原则,公开收集、使用规则,明示收集、使用信息的目的、方式和范围,并经被收集者同意……" 该法第 42 条第 1 款规定:"网络运营者不得泄露、篡改、毁损其收集的个人信息;未经被收集者同意,不得向他人提供个人信息。但是,经过处理无法识别特定个人且不能复原的除外……"。

(5)《中华人民共和国消费者权益保护法》(简称《消费者权益保护法》)第 29 条第 1 款规定:"经营者收集、使用消费者个人信息,应当遵循合法、正当、必要的原则,明示收集、使用信息的目的、方式和范围,并经消费者同意。经营者收集、使用消费者个人信息,应当公开其收集、使用规则,不得违反法律、法规的规定和双方的约定收集、使用信息……"。

虽然采用了不同的称谓,但各国立法均一以贯之地采用了同一种表述方式,即采用 "个人信息" 的立法中不会出现 "个人数据" 的规定,反之亦然。事实上,"信息是数据的内容,数据是信息的形式",[1] 数据与信息具有天然的趋合性,就其实质而言,数据是一种可识别的、具有多种表现形式的符号,包括数字、文字、符号、图像、图形、声音等,这些符号能够被计算机所处理,也可以进行转换。而信息则是用数字、文字、符号、语言、图形、图像、声音等介质提供的关于现实世界的各种知识。

就形式而言,数据与信息本属一体两面。不包含任何个人信息的数据无法成为个人数据,而是以二进制代码表现出来的比特

---

[1] 程啸:《论大数据时代的个人权利》,载《中国社会科学》2018 年第 3 期。

形式，而如果没有个人数据的存在，个人信息也将无所附着、无从谈起。两者的关系在于：①数据是对某一标的物进行定性与定量描述的原始资料，旨在呈现客观事实，而信息则来源于数据，是数据处理后的结果；②数据是采集时获得的、包含着一定信息的数字及符号，是信息的物质载体，而信息则是数据的内涵，是数据采集、加工、分析、处理的目的；③数据反映的是事物的表象，只有经过处理、经过解释才能成为信息，而信息反映的是事物的本质。信息的存在必须信赖于数据，没有数据就没有信息；④信息可以离开信息系统而独立存在，但数据必须随着载荷它的物理设备的形式改变而改变。

我国学界对"数据"与"信息"的理解存在差异，以"个人数据"为题在中国知网（CNKI）中进行检索，检索到论文 17 236 篇，而以"个人信息"进行检索的结果则为 39 366 篇。[1] 由此看来，我国学界偏向采用"个人信息"，与相关立法规定的用语相符。究其原因：一是学界在关于"个人信息"与"个人数据"的采用上受立法规定的影响，采用"个人信息"有利于研究中的引用与表述。二是基于数据技术优势及隐私权利观念的影响，美国较早关注个人信息的保护问题，相关研究成果也处于领先地位。相较而言，采用"个人数据"的欧盟及其成员国的立法与研究成果则处于弱势地位。我国采用"个人信息"一说在很大程度上是受美国影响。

采用"个人数据"或者"个人信息"的表述方式，体现的是研究者或者立法者的价值偏好。事实上，无论采用何种表述方式，问题的关键都在于如何理解附着于其上的权利价值，并就此

---

[1] 检索日期截至 2022 年 7 月 30 日。

进行更深意义、更广范围的探究，以回应大数据对社会规范提出的种种挑战。脱离了权利价值的数据抑或信息，都只是一种客观中性的物质存在，对于收集者与使用者不具有任何意义，法律无须也无法对其加以规范调整。只有数据被信息化地呈现，并借此表现出其对社会发展的价值，才会因资源的短缺性而具有意义，信息也才会因数据化的客观存在而彰显其价值并因此而受到法律的关注。因此，就法律层面而言，将附着于二进制代码形式上的相关个人权利称为"数据权利"抑或"个人信息权利"，本质上并无差别。需要说明的是，本研究的研究对象是以电子数据形式表现的个人数据，不包含以其他媒介呈现的个人信息，且基本是在《欧盟通用数据保护条例》（General Data Protection Regulation，GDPR）的意义上使用这一术语，因而除了相关引文之外，本研究采用"个人数据"一说，并对基于其上的权利称之为"数据权利"。

第二节　个人数据：数据权利的客体内涵

数据权利是公民基于个人自身数据而产生的对数据的占有权、使用权、支配权与处分权。个人数据是数据权利存在的前提，没有个人数据就没有数据权利的产生，当然更谈不上数据权利所包含的内容及权利保护。就此而言，研究数据权利的刑法保护，必须首先明确作为其客体的个人数据的内涵，以此确定数据权利的保护范围。

一、个人数据的立法规定

在大数据时代，数据的种类多元繁杂，如果以不同的标准进行划分，个人数据可基于其不同的特征而被分为不同的种类。根据能否识别出或者与其他数据相结合而识别出特定自然人为标准，可分为个人数据与非个人数据。根据数据本身所包含信息的敏感程度与重要程度，可分为一般个人数据与敏感个人数据。同时，由于数据具有非独占性或者共享性、无形性，其巨大的战略价值、经济价值在产生积极效益的同时，也面临不确定性风险。基于保护个人数据的必要性与迫切性，各国纷纷立法，对数据权利进行不同层面的、多方位的保护。而对个人数据本身概念的范围界定，就成为各国立法的首要内容。

2018年5月25日，在1995年《计算机数据保护法》的基础上，欧盟出台了GDRP，在第1章第4条的"定义"中规定："就本条例而言，'个人数据'指的是任何已识别或可识别的自然人（'数据主体'）相关的信息；一个可识别的自然人是一个能够被直接或间接识别的个体，特别是通过如姓名、身份编号、地址数据、网上标识或者自然人所特有的一项或多项的身体性、生理性、遗传性、精神性、经济性、文化性或社会性身份而识别个体。"由于GDRP的适用范围较为广泛，任何收集、传输、保留或者处理涉及欧盟成员国个人信息的机构或者组织，均受该条例的约束。换言之，即使不属于欧盟成员国的企业或者组织，只要是为了向欧盟境内可识别的自然人提供商品和服务而收集、处理其个人信息（包括免费服务），或者是为了监控欧盟境内可识别的自然人的活动而收集、处理其个人信息，都要遵守该规定。因而GDRP中关于个人数据的定义，受到各国广泛关注，并在很大程度上影响了其他国家的立法。

我国在2020年10月1日实施的《信息安全技术 个人信息安全规范》中，对"个人信息"的概念及内容作出较为详细的规定。

该规范第 3 条"术语和定义"中的 3.1 规定"个人信息"是指以电子或者其他方式记录的能够单独或者与其他信息结合识别特定自然人身份或者反映特定自然人活动情况的各种信息。与此同时,3.1 的注 1、注 3 分别对个人信息的范围进行了规定,认为"姓名、出生日期、身份证件号码、个人生物识别信息、住址、通信联系方式、通信记录和内容、账号密码、财产密码、财产信息、征信信息、行踪轨迹、健康生理信息、交易信息等","个人信息控制者通过个人信息或其他信息加工处理后形成的信息,例如,用户画像或特征标签,能够单独或者与其他信息结合识别特定自然人身份或者反映特定自然人活动情况的,属于个人信息"。

除了对个人信息的定义作出规定,注 2 更是以附录的方式明确了个人信息的判定方法和类型,认为对个人信息的判定应基于两条路径展开:一是识别。即从信息到个人,由信息本身的特殊性识别出特定自然人,个人信息应有助于识别出特定个人。二是关联。即从个人到信息,如已知特定自然人,由该特定自然人在其他活动中产生的信息即为个人信息。而对于个人信息的类型,认为大致可以分为个人基本资料、身份信息、生物识别信息、网络身份标识信息、健康生理信息、教育工作信息、财产信息、通信信息、联系人信息、上网记录、常用设备信息、位置信息,以及婚史、宗教信仰、性取向、未公开的违法犯罪记录等其他信息。

在个人敏感信息方面,《信息安全技术 个人信息安全规范》在 3.2 中进行了定义,规定:"一旦泄露、非法提供或滥用可能危害人身和财产安全,极易导致个人名誉、身心健康受到损害或歧视性待遇等的个人信息。"其注 1 则对个人敏感信息的内容进行了界定,规定个人敏感信息"包括身份证件号码、个人生物识别信息、银行账户、通信记录和内容、财产信息、征信信息、行踪轨迹、住宿信息、健康生理信息、交易信息、14岁以下（含）儿童的个人信息等"。其注2规定了个人敏感信息的判定方法和类型，于附录B中详细列举了个人财产信息、个人健康生理信息、个人生物识别信息、个人身份信息及其他个人敏感信息。注3进一步对经过加工后的个人敏感信息作出补充规定："个人信息控制者通过个人信息或其他信息加工处理后形成的信息，如一旦泄露、非法提供或滥用可能危害人身和财产安全，极易导致个人名誉、身心健康受到损害或歧视性等的，属于个人敏感信息。"

《信息安全技术 个人信息安全规范》关于个人数据的规定是我国迄今为止对该问题作出的最详细、最具体、也最具有执行性的规定。和《民法典》第1034条关于个人数据的规定相比，虽然两者对个人数据的范围规定基本相同，但规范对于司法适用的指导意义无疑具有里程碑式的意义。而作为保障法的《刑法》虽然在第253条之一规定了侵犯公民个人信息罪，但并没有对个人信息的定义作出明确规定，其适用必须借助作为前置法的其他法律规范。

二、个人数据的应然内涵：个人痕迹数据化的提倡

就广义而言，个人数据泛指与个人相关的数据，即一切与个人有关的数据，都应包括在个人数据的范畴之内：①直接个人数据。凡是能够通过数据直接识别出个人身份的数据，都可称为直接性个人数据，就其来源而言，直接性个人数据包括个人主动提供给政府机构、企业、社会组织或者他人等他主体的、能够用以识别其身份的数据，也包括他主体通过其他渠道收集到的能够用以识别数据主体身份的数据，如政府机关、金融部门等基于管理需要，通过数据主体主动提供或者其他渠道收集到的能够直接识

别数据主体身份的数据,如姓名、身份证号码、电话号码、银行账户、行动轨迹等。②间接个人数据。与直接数据相比,间接数据只能提供关于数据主体的某些身份信息,而不能直接有效识别出数据主体身份,如宗教信仰、健康状况、性取向等。间接个人数据不能单独提供识别数据主体的关键信息,必须与其他数据互相印证、互相解释,才能据此判断、还原数据主体的身份。换言之,直接个人数据构成个人数据的核心,而间接个人数据则属于"关于个人的数据"。

大数据开启了一次重大的生产、生活方式转型。在大数据时代,数据正改变着人类的生活方式以及理解世界的方式,无处不在的传感器和微处理器正将人类社会带入普适计算的时代,所有的电子或者机械设备都会留下数据痕迹,而这些痕迹又会表明使用者的位置或状态,通过互联网数据交流,形成一个庞大的数据库。以消费领域为例,顾客的任何消费行为都会留下个人痕迹,从而形成个人的消费数据,商家据此可以判断顾客的消费习惯、消费能力以及可能的消费倾向,并进行精准广告营销。甚至在顾客未进行任何消费的情况下,他们进入商场的时间、停留时间、浏览商品的种类、在某种具体商品前的停留时间、以及监控抓拍到的顾客的表情等,都能够成为商家据以判断顾客能否成为潜在交易对象以及其可能具备的消费能力、其消费标的等的依据。在网上购物时,这种情况就更为明显。无数顾客的交易触点和网上点击的流量都成为商家制定营销计划、推行营销策略、筛选营销对象等的资源依据。尤其是,随着家居智能化及无人驾驶技术的发展,一个"全民监控"的时代正在来临。个人的居家生活与习惯也不再是隐私,通过无数传感器传递的个人数据正在成为分析、透视个人生活的数据源,个人的一举一动都暴露在外。个人痕迹数据化已成为现实。

提倡个人痕迹数据化是时代要求。大数据已逐渐成为现代社会基础建设的一部分，犹如铁路、港口、水电煤气等硬件设施之于社会生活一样，数据已深深嵌入人们的日常生活，在社会发展中发挥着不可或缺的软设施作用。

1. 个人痕迹数据化有利于充分发挥数据的价值

大数据时代的来临意味着海量数据持续不断地被生产、分享和应用，在云计算的加持下，数据的价值正在被发现和挖掘。个人数据作为大数据的重要组成部分，在商业服务、公共卫生、社会治理、国家安全等方面都发挥着重要作用。诚如前文所言，个人数据不仅包括能够识别出数据主体身份的直接数据，也包括与个人有关的、经与其他数据印证后能够间接识别出数据主体身份的其他数据。数据价值的发挥，不仅在于直接数据所提供的关于数据主体身份的核心价值，也在于间接数据所提供的、能够用以佐证数据主体社会活动的附加性价值。例如，对公民健康状况的普查可以研究我国关于某种疾病的发展流行趋势，对公民性取向的调查可以研究社会发展过程中我国社会心理的发展变化等，都具有重要的公共价值与社会意义。同时，这种数据的收集、分析及因此形成的公共政策也回馈于数据主体本身，能够为其身体与心理健康营造良好的社会环境。

2. 个人痕迹数据化是大数据发展的必然结果

大数据时代下的个人数据已经成为个人生活的一部分，海量的个人数据无时无刻不在计算机网络上以各种形式流动、交换，并被当作社会资源的一部分而利用。诸如个人的财务事项、信用卡记录、医疗信息、保险信息、购物习惯等，都因与互联网有关而被当作个人数据加以保存。个人的活动轨迹被以各种方式进行记录并以数据的形式保存。这是大数据时代的特征，也是数据社会发展过程中合力作用的结果。在数据技术加持下，网上数据全方位覆盖了一个人从出生到死亡的整个生命周期，逐渐累积起来的个人数据在互联网世界中形成一个映象化的虚拟的"人"。这一虚拟主体甚至比现实世界中的真实数据主体更为立体化、具象化，这些数据更能充分描绘与展示"人"的经历与隐私，预测其未来的行为可能。

由于数据具有可分享性特征，较之于硬件设施在使用过程中不可避免地存在折旧或者贬值问题，大数据不仅不会因重复使用而造成价值损耗，相反，重复累积使用的数据会进一步产生规模数据效应，增加数据的沉淀价值。开发这种沉淀价值，不仅有利于数据的进一步价值化，而且导致个人数据呈现出"留痕"化倾向。数据的收集者与利用者为了更多地开发数据价值，往往会采用两种路径：一方面，注重过往数据的保存、分析与利用；另一方面，进一步开发新的数据资源，扩展数据的收集面，在尽可能多地采集数据的基础上，充分利用数据的关联性特征，形成新的数据价值，也导致了个人痕迹数据化的直接结果。

3. 个人痕迹数据化有利于社会安全维护

痕迹数据化意味着，个人凡是参加社会活动，其行动轨迹都将以数据的形式被完整地记录下来，在不侵犯个人隐私权的情况下被分析、利用。个人痕迹数据化的优势在于：

（1）有利于社会智能保障体系的建立及社会秩序的维护。个人痕迹数据化得益于监控记录设备的完善，利用各种电子设备和电子技术以及少量的人力投入，监控系统已然在全社会搭建起较为完整的人防、物防、技防的综合平台，全天候地记录各种数据，让使用者能够反复调取有效的数据资料进行使用，提高工作效率，优化工作效能。例如，我国已普遍建立使用的应急管理指挥平台，实现了在监控范围内通过高效的网络监控系统及时追踪待救援人员的行动轨迹，精准锁定救援目标，并进行有效救援的目的，真正能够保护被救援人员的生命、财产安全。在大型群体性事件的处置及社会公共卫生安全等方面，个人痕迹数据化能够为事件预防、走向研判、应时处置、事后追责等提供充分的数据支持。以抗击新型冠状病毒感染为例，在抗击自2020年初开始的新型冠状病毒感染中，大数据在药品研发、监测追踪等方面发挥了巨大作用，尤其是利用大数据平台对人们是否遵守安全距离与隔离标准、对接触者进行行动轨迹追踪以及在疫苗接种等过程中，将个人痕迹数据化是实现一这复杂工程的基本技术保障。

（2）有利于犯罪的有效预防与打击，保障公民的人身与财产安全。随着大数据技术的飞速发展以及犯罪领域出现的新变化，数据分析已成为公安机关侦查一线的实用技术。传统犯罪在大数据时代表现出更为明显的网络化倾向，犯罪模式由单一转向复杂、由线下转为线上或线上与线下相结合的方式，移动支付、互联网金融、手机后台轨迹追踪等已逐渐融入日常生活中，"非暴力对抗"的非传统安全威胁日趋多元。为了有效对抗日益复杂的犯罪趋势，案件侦查也逐渐由"现场驱动"向"数据驱动"演变。

首先，在犯罪预防层面，区别于传统的预防模式，基于大数据的犯罪预防可以通过定量化的犯罪模型的建立，实现对犯罪的精准化预防。例如，通过数据建模、数据挖掘等一系列技术手段，对部分潜在的高危人群进行轨迹追踪与数据研判，对其活动轨迹的数据进行全面采集，并根据以往的犯罪规律，在对所采集的各类数据间的相关关系进行分析的基础上，预测特定主体当下及未来的犯罪可能，尤其是在对涉稳类犯罪、涉毒类犯罪、涉众类犯罪等犯罪的预防中，将个人痕迹数据化是案件实现有效预防的基本前提与保障。

其次，在犯罪的侦破过程方面，区别于传统案件侦破过程中需要对各类细节进行人工摸排、走访的方式，大数据条件下的案件侦查主体可以应用数据感知，拓宽对犯罪的认知域，发现与犯罪相关的信息，应用数据研判辅助理性决策。而要实现上述目的，就必须将个人痕迹数据化以便为侦查人员提供充分的数据资源，如此才能有效发挥大数据的优势，精准锁定犯罪嫌疑人、扩展案件相关线索，并深入挖掘其他罪行，回应新常态下犯罪发展出的系列性、跨区域性、地域性趋势，解决过去侦查机关因信息占有量不足而备受困扰的准确性低、破案率低、追赃少等问题。

第三节　数据权利独立价值的理论证成

一般而言，能够实现较强发展的互联网平台往往都是名副其实的大数据公司。由于数据可以为相关主体带来利益，因此，数据已经成为商业领域重要的资源之一。但与此同时，数据的利用与流动所引发的权益之争也受到广泛关注，尤其是在数据技术相对发达的国家与地区，明确数据权属就成为数据公法监管的重要议题。而作为公法的前置法，私法对数据权利的保护以及对数据权属的界定，又成为构建公法监管的法律制度的基础性问题。

一、个人数据权利基本属性的域外理论发展

数据权利与数据技术的发展程度密切相关，两者之间呈正相关关系。凡是数据技术较为发达的国家与地区，对数据权利的保

护程度就相对较高。而数据权利保护程度较高的国家与地区，也多是数据技术发展程度较高、数据权利纠纷较多的国家与地区。同时，由于数据所涉权益的重要性，这些国家与地区也更加重视并发展数据技术，以期用更高标准的数据技术实现更好的数据权利保护。因而当前国际上关于数据权利的保护，多基于数据技术发展较早也较为发达的欧美模式。关于个人数据保护的美国的隐私权理论与欧盟的人格权理论，一直被认为是域外数据权利研究的基本理论模式。而其他观点，则多为上述两种理论的分支或进一步言说。

1. 隐私权理论

隐私权理论发轫于美国，是自由主义思想的产物。1890年，沃伦与布兰德在《哈佛法律评论》发表《论隐私权》一文，首次提出"隐私权"的概念，在该文中，隐私权被定义为"个人独处的权利"。[1] 这种基于个人自治的概念界定前提在于，美国一直以来所提倡的个人自由，即人应当享有不被政府、媒体或其他机构、个人无正当理由干涉的独处权，有权"决定自己的思想、观点和情感与他人分享的程度"，以及在任何情况下"决定关于他的一切是否公之于众的权利"。[2] 独处权说曾为美国判例普遍接受，但由于"独处"的内涵过于模糊且缺乏实际可操作性，因而在后来的研究中，该学说不断受到质疑。其中仅关于肯定个人对于其具体事务具有决定权这一理论内核因切中隐私权实质而得以保留，[3] 且对后来的相关理论产生了深远影响。例如，其后的有限接近理论就认为，"隐私是对他人接近自己的限制，是赋予个人遵从自己的意愿，在个人不愿意时，保护个人的身体不受接近或者不

---

[1] See Warren & L. Brandeis, The Right to Privacy. 4 Harv. L. Rev. 1890 (5).
[2] See Warren & L. Brandeis, The Right to Privacy. 4 Harv. L. Rev. 1890 (5).
[3] See Bok S. Secrets, On the Ethics of Concealment and Revelation. Vintage, 1989 (1).

被接触,也保证关于个人信息的非接触性"。❶

隐私权的实质是政治或者宪政意义上个人自由在法律上的表述,其基本理念是对个人自由的坚守。❷ 尤其自 20 世纪 60 年代以来,随着计算机技术的开发与应用,个人数据海量出现,这些数据自产生至其后的各个流转环节,随时都面临可能被泄露、盗用的风险。为有效应对与防范风险,学界提出的个人信息控制论得以倡兴。该理论认为:"隐私权是个人、团体、机构决定关于自己的信息在何时、如何传递给其他人及传递到什么程度的权利。"❸ 事实上,个人信息控制论并非赋予个人对其自身信息的绝对控制,因为绝对的个人信息控制无疑会妨碍信息的自由流动,不符合信息自由原则。因而,个人信息控制论是基于宪法层面的、个人对自身信息控制需要与信息自由流动之间的相对平衡而产生的协调冲突的产物。1995 年,美国的信息基础设施特别工作组(IITF)将个人隐私权定义为"个人对控制自身信息扩散范围的自决权",❹ 进一步确立了个人信息控制论在个人数据隐私保护方面的理论地位,在遵守宪法精神的前提下,强调了个人基于自决对自身信息的控制权。

2. 人格权理论

较之于美国基于个人自由建立的隐私权理论,欧盟则基于人的尊严,认为个人数据权即公民的人格保护权。1953 年生效的《欧洲人权公约》第 8 条规定了"尊重私人和家庭生活的权利"。❺

---

❶ Bok S. Secrets, On the Ethics of Concealment and Revelation. Vintage, 1989 (1).
❷ 参见高富平:《个人信息保护:从个人控制到社会控制》,载《法学研究》2018 年第 3 期。
❸ See Westin A., Privacy and Freedom. Athenacum, 1967 (7).
❹ 屠振宇:《宪法隐私权研究》,法律出版社 2008 年版,第 68 页。
❺ 该公约由欧洲委员会起草并宣布生效,并据此成立了欧洲人权法院。转引自 European Convention on Human Rights, http://www.echr.coe.int/Dicuments/Cinvention_ENG.pdf, 2019 - 02 - 08。

2000年制定、2009年生效的《欧盟基本权利宪章》在其第8条明确规定："每个人都有权保护他或她的个人数据。这些数据必须是为了特定目的，并征得数据相关个人的同意或在其他法律规定下进行公平的处理。每一个人都有权获取所收集的与之有关的数据，并且有权予以更正。"❶ 该宪章将个人数据保护作为一项独立的基本权利加以规定。❷ 2012年11月，《个人数据自动化处理中的个人保护公约》修正通过，明确了欧洲国家将个人数据保护作为人权保护的基本共识。

欧盟层面关于个人数据保护的立法推进得到了欧洲各国的积极响应。德国联邦法院于1983年通过判决的方式首次确认了"个人数据自决权"，并由此推动了欧洲其他国家将个人数据自决权作为一项基本人权的立法活动，包括法国、葡萄牙、西班牙、比利时等，都分别在其宪法中将个人数据权作为一项基本权利予以确认。❸ 2018年5月开始实施的GDRP在建立了信息泄露通知机制、信息保护影响评价机制等个人数据保护机制的同时，更是新增了关于被遗忘权的规定。❹ 根据GDRP第17条第2款规定，如果数据控制者将符合第1款条件的个人数据（即用户依法撤回同意或者数据控制者不再有合理理由继续处理的数据）进行了公开传

---

❶ ［德］克里斯托弗·库勒：《欧洲数据保护法——公司遵守与管制》，旷野等译，法律出版社2008年版，第20页。
❷ 参见高富平：《个人信息保护：从个人控制到社会控制》，《法学研究》2018年第3期。
❸ 参见［德］克里斯托弗·库勒：《欧洲数据保护法——公司遵守与管制》，旷野等译，法律出版社2008年版，第20页。
❹ 欧盟在"数据遗忘"的权利化道路上长期处于领先地位，引领着全球数据遗忘问题的进程。其核心内容是数据的权利主体依法要求变控制者删除数据或者使数据无法公开搜索、浏览。参见孙道萃：《数据遗忘权的刑法学观察与协同保护》，载《西部法学评论》2016年第4期。

播,他应该采取所有合理的方式予以删除。也就是说,数据控制者不仅要删除自己所控制的数据,还必须对其公开传播的数据通知其他第三方停止利用并删除。该规定扩张了传统的删除权范围。

美国所提倡的隐私权理论关注的是个人不愿意公开的各种私生活信息或者生活秘密,在所有涉及个人信息的场合,主要着重于对个人隐私的保护,但对于不涉隐私的个人信息,隐私权说则显然难以涵摄。❶ 就此而言,隐私权理论的立论基础在于应先对所有与个人有关的信息进行区分,对是否属于隐私信息进行界定,而社会的多元发展和价值观念的剧变与转型决定了这种界定具有相当的难度。相对而言,欧盟所主张的人格权理论偏重于人格权的保护,其关注点在于侵犯公民个人信息的行为是否有损公民的人格权,而无论该信息是否有关个人隐私,摒弃了对于个人信息是否属于隐私信息而进行的庞杂且艰难的划分。但与此同时,人格权理论无视大数据时代个人信息的财产属性,导致陷入难以逻辑自治地诠释数据权利的法律属性的困境。❷ 两者的共同之处在于:隐私权理论在强调人的自由价值的同时,也包含了人格尊严与人格独立的内容;而人格权理论在强调人格尊严的同时,也当然包括了对人的自由的肯定。另外,两种理论都基于个人控制论的视角,认为个人数据应当由数据主体掌控与支配,保障个人数据的自主、自治与自决,这是数据权利的核心内容。

---

❶ 参见史卫民:《大数据时代个人信息保护的现实困境与路径选择》,载《情报杂志》2013 年第 12 期。

❷ 参见肖冬梅、文禹衡:《数据权谱系论纲》,载《湘潭大学学报(哲学社会科学版)》2015 年第 6 期。

二、我国个人数据权利基本属性的研究现状

1. 主要理论争议及评价

我国关于数据权利属性的研究一直以来都深受域外影响，研究多是基于人格权或隐私权的角度展开。但随着研究的逐渐深入，尤其是随着对数据经济性的重视，也出现了其他观点。从现有的研究成果来看，理论界关于数据权利属性的研究，主要有以下四种观点：

一是新型人格权说。人格权作为一种传统的民事权利类型，包括个人的姓名权、肖像权、隐私权等具体权利。该观点认为，传统的人格权主要关注的是对精神利益的保护，并以此与财产权相区别。然而，随着社会经济的发展，人格权商品化现象逐渐凸显，主要表现为在人格权受到侵害时可以请求损害赔偿，可以在法定范围内进行让渡与继承，因而人格权的内容不再单指人格利益，也包括财产利益，开始强调个人对数据享有的优先财产权利，并以此对数据的利用、交易行为进行有效规制。❶ 另外，传承于隐私权制度的人格权并不足以实现对个人数据的保护，作为一种消极的防御性权利，隐私权要求权利在受到侵害之前，个人不得积极行使此权利。而在大数据条件下，个人数据权利并不完全是一种消极权利，除了被动防御他人的侵害之外，数据权利主体在他人未经许可收集、利用其个人数据时，具有请求他人更改或者删除其个人数据的权利。这种主动性的权利表现显然与传统的基于隐私权制度构建的人格权不相符合。由此可以推知，有必要为个

---

❶ 王利明：《人格权法研究》（第 2 版），中国人民大学出版社 2012 年版，第 608—638 页。

人数据创设专门的新型人格权,既保护数据主体人格的精神利益,也保护其财产利益,既关注其在受到损害时的请求赔偿权,也强调其在维护自身利益时主动行使更改权、撤销权,以及主动公开权等。❶

二是知识产权说。"知识产权"一词是在 1967 年世界知识产权组织成立后开始使用,用于保护在社会实践中所创造的智力性劳动成果。随着社会的迅速发展,为了更好地保护产权人的应有利益,商标权、专利权、著作权等制度应运而生,知识产权制度得以不断完善。笔者认为,知识产权作为一种无形的财产权,其本质在于鼓励智力性发明创造,从而更好地助推社会进步。认为数据权利为知识产权的观点,其核心在于认为数据开发者对合法取得的共有或者专有领域的数据进行了分析、加工、处理等一系列创造性活动,因而对于在选择和编排上具有独创性的数据库或者数据集,可以从著作权对汇编作品的保护出发,对付出实质性投入的数据库持有人予以传播权保护。对于不具有独创性的数据库和数据集,则可以通过邻接权制度加以保护。❷ 知识产权说对于保护国家的数据资源、保障数据安全具有一定的积极意义,也易于通过符合国际产权体系保护的方式,为数据产业的发展提供合理的路径支持。

三是商业秘密说。根据《中华人民共和国反不正当竞争法》(简称《反不正当竞争法》)的规定,商业秘密的所有人享有相应的民事权益。商业秘密除了具有一定的商业价值外,还具有

---

❶ 史卫民:《大数据时代个人信息保护的现实困境与路径选择》,载《情报杂志》2013 年第 12 期。

❷ 参见邓刚宏:《大数据权利属性的法律逻辑分析——兼论个人数据权的保护路径》,载《江海学刊》2018 年第 6 期。

非公开性的特征，同时，与知识产权的排他性不同，商业秘密不具有专有性，任何人在通过合法手段掌握该商业秘密后，都可以使用或公开。就此而言，个人数据本身所具有的经济价值、非合法获得即不能被公开以及基于数据共享的非排他性，都符合商业秘密的特征，因而将数据作为商业秘密，具有合理性。

四是数据财产说。该说认为，数据作为一种新型的虚拟财产，传统的人格权、知识产权、以及商业秘密等制度都无法对其进行有效保护，而数据本身的经济价值又决定了其本身的财产性，对数据的占有、处分与利用会给数据的控制人带来相应的经济收益，且这种权利可予处分，因而将数据权利界定为一种新型的财产权并赋予数据控制人以相应的权利，符合大数据时代数据保护的基本取向。

对上述各类观点的分析表明，研究者着眼于数据这种新型的权利类型，都从保护的有效性与利用的务实性角度出发，对其属性进行了不同侧面的界定，但总而观之，却也都颇可质疑。主要表现在：

（1）对于人格权说，我国相关立法给予了支持，如2020年5月28日通过的《民法典》，就将个人数据权利纳入人格权编，表明了私法领域中立法者对于个人数据属性的态度。然而，不可否认的是，随着国内数据技术的迅猛发展及因此而引发的社会结构的变革，数据权利已经被赋予更多的属性意义。将个人数据保护纳入人格权编，与隐私权并列在一起，其实质是将一项新型公法权利简单归入传统民事权利范畴，这种错配不但会使得个人信息保护在民事立法中定位困难、逻辑混乱，也会导致立法中的各种反复与纠结，未来适用将面临巨大的不确定性。❶ 司法实务的经验也表明,《刑法》第253条之一规定的侵犯公民个人信息罪,其目的从来就不仅限于保护公民的人格权,更在于对因个人数据泄露或被滥用等而可能受到侵害的个人财产权进行保护,因为行为人侵犯他人的个人数据,其目的多表现为将数据非法提供给他人以获取经济利益,或者通过非法手段获取他人数据后,用于市场分析或者向数据主体定向推销商品或服务,甚至进行电信诈骗、敲诈勒索等。侵犯他人数据的行为并不必然会侵害受害人的人格权,但却往往会侵害受害人的财产权,在非法获取他人数据的场合,这一特征表现得更为明显。因而,数据权利不应被局限于隐私权或人格权的角度进行"是或否"的片面论证,而应代之以更加多元化的分析与解读。

（2）知识产权说的缺陷在于,虽然应用了独创性加工方法的衍生数据具有获得知识产权保护的可能性,然而,对加工方法不具有独创性,但企业投入了大量的成本获得的衍生数据,知识产权说也很难给予有效保护。❷ 更为重要的是,知识产权说所采用的著作权保护和邻接权保护也都只是保护了数据编排者的权利,而对于作为数据主体的个人,也即数据的实质所有者的合法权利,知识产权说选择了有意识地回避,未能正面给出明确回答,而这显然忽视了数据权利者的核心内容,也偏离了数据权利保护的本来轨道。

（3）商业秘密说肯定了数据的隐私性,但却无视作为数据所有人的数据主体的合法权利,换言之,商业秘密说着眼于数据企

---

❶ 参见周汉华:《个人信息保护的法律定位》,载《法商研究》2020年第3期。
❷ 参见王融:《关于大数据交易核心法律问题——数据所有权的探讨》,载《大数据》2015年第2期。

业基于数据的收集、分析与利用等而产生的对数据的占有、控制及收益，但这种所谓的商业秘密是建立在作为数据所有人的数据主体的权利基础之上的。就法理意义而言，笔者认为，数据企业所拥有的权利不过是所有权衍生下的各项权能，是数据企业在收集了数据主体的个人数据后所产生的权能而已，而对于作为数据原始拥有者的个人主体而言，商业秘密说显然不能回应其需求。理由在于，个人数据本身就是数据主体的一种附着于其人身的权利，这种权利作为一种新型的复合型权利，有着明显的人身特征，而这种人身性与数据企业的商业性并非同一，因而无论如何不应该将个人数据对于企业而言所具有的商业性推及作为数据主体的个人。

（4）数据财产说的缺陷在于，数据权利作为个人的一项权利，其属性意义并非仅限于商业价值，同时也具有"人的权利"的侧面。数据财产说赋予数据主体无偿占有其个人信息的权利，具有逻辑上的瑕疵，[1] 无法说明数据企业为获得数据、收集数据、存储数据等而付出人力成本与物力成本的情况下，作为数据主体的个人如果无偿使用这些数据，如何界清其权利与作为数据控制者的数据企业占有权之间的权属界分，无法说明为何数据企业在拥有因数据控制而产生的各类收益、而作为数据所有权人的数据主体却无法干涉与分享，也无法释清为何国家在特定情况下能够拥有对特定个人数据进行无偿占有与使用，以及这种无偿占有与使用和作为数据主体的个人的无偿占有与使用之间，是否会形成一定的冲突以及形成冲突后的解决方案。

---

[1] 参见邓刚宏：《大数据权利属性的法律逻辑分析——兼论个人数据权的保护路径》，载《江海学刊》2018 年第 6 期。

2. 数据权利混合属性说的提出及证成

也正是出于对数据权利单一属性局限性的认识，学界有关于数据权利独立化的观点，认为数据权应当被认定为一种新型的民事权利。例如，有学者认为，厘清数据权属，有必要脱离我国学界主流以财产权说为逻辑起点的数据权属定位，克服其无法解决数据采集过程中必须征得数据权利主体同意并因而导致大数据在社会治理应用中存在重大理论障碍的顽疾，直接将大数据权利定位为具有独立属性的数据权。同时认为，这种新型的数据权利应兼具财产权、人格权与国家主权于一体的混合属性。❶

数据权利混合属性说的提出，是综合考虑数据权利作为一种新兴虚拟权利的各种特征的结果。客观而言，数据权利作为大数据时代法律体系面临的必然课题，既有作为传统权利的一些固有特征，也有区别于传统权利的自身特有属性。主要表现为：

（1）数据具有财产属性。借助于信息产业的兴起，数据成为产业内生价值链的起点，能够为数据控制者带来一定的经济利益，并由此产生数据价值。例如，有学者认为，数据资产是信息财产的一个子类，而大数据又是数据资产的重要组成部分；大数据既然是信息财产，理应受信息财产法保护。❷ 客观而言，无论是海量数据还是关键性个人数据，其本身都是具有信息价值的数字载体，能够产生一定的经济效益。实践中基于用户画像实行的定向营销以及市场细分等，不仅帮助企业降低了营销成本，更能促升产品研发、改良商业模式、助推产品与服务创新，以此提高经济效益。而数据交易平台的建立，使得数据交易已经成为一种产业，如贵

---

❶ 参见李爱君：《数据权利属性与法律特征》，载《东方法学》2018 年第 3 期。
❷ 王玉林、高富平：《大数据的财产属性研究》，载《图书与情报》2016 年第 1 期。

阳大数据交易所、中关村数海大数据交易平台等，进一步扩大了数据的交换价值。❶

（2）数据具有人格权属性。数据是信息的载体，个人数据本身承载了自然人本身的姓名、家庭住址、身份证号、信用状况、健康状况、生活偏好、运动轨迹等，内含着包括个人的人格尊严与自由意志，尤其是人脸识别等生物性特征，直接关涉人格权的内容，包括我国《民法典》在内的相关立法对数据人格权属性的确认也说明，承认个人数据的人格权特征，已成为共识。

（3）数据具有国家主权属性。数据主权的理论基础是国家主权理论。国家主权理论为16世纪法国思想家博丹所创立，认为主权是一国所享有的、统一且不可分割的、凌驾于法律之上的最高权力。荷兰法学家格劳秀斯进一步指出，主权是国家的固有权力，表现为一国在处理内部事务时不受任何别国控制的权利。数据作为重要的战略资源，数据经济的发展、对数据的控制和利用等，都将对国家的安全与发展产生重要影响。当前的国际、国内形势表明，数据将成为大国博弈的另外一个空间，尤其是在一些重要领域，个人数据安全与国家主权安全息息相关，如人口基因数据、国防科工等重要领域个人数据、商业金融领域关键个人数据等。

---

❶ 贵阳大数据交易所于2015年4月14日正式挂牌运营并完成首批大数据交易。交易所的业务主要是根据需求方要求，对数据进行清洗、分析、建模、可视化等操作后形成处理结果，再出售给需求方。交易所能够吸引各方资源，汇聚包括政府部门数据和行业龙头企业数据等高价值数据，而对数据清洗等操作则在保证数据客观性的同时，避免了数据隐私泄露等问题。2014年2月20日，中关村数海大数据交易平台是在中关村管委会指导下，由工业和信息化部电信研究院、中关村互联网金融协会等60余家单位机构参与组建而成，旨在盘活"数据资产"，为政府机构、科研单位、企业及个人提供数据交易与数据应用场所。平台性质属于第三方数据网上商城，负责对数据进行必要的清洗、审核等，平台自身并不存储与分析数据，而仅为供需双方提供交易渠道。

"棱镜门"表明，对他国个人数据及其他数据的监控、窃取，将严重威胁他国的主权安全。❶

我国《个人信息保护法》第40、第41、第42条的规定充分表明，国家已通过立法的方式，确认了个人数据的国家主权属性。例如，该法第40条规定："关键信息基础设施运营者和处理个人信息达到国家网信部门规定数量的个人信息处理者……确需向境外提供的，应当通过国家网信部门组织的安全评估……"，第41条后段规定："……非经中华人民共和国主管机关批准，个人信息处理者不得向外国司法或者执法机构提供存储于中华人民共和国境内的个人信息"，第42条规定："境外的组织、个人从事侵害中华人民共和国公民的个人信息权益，或者危害中华人民共和国国家安全、公共利益的个人信息处理活动的，国家网信部门可以将其列入限制或者禁止个人信息提供清单，予以公告，并采取限制或者禁止向其提供个人信息等措施。"另外，我国《网络安全法》规定关键信息基础设施的运营者在我国境内收集和产生的个人信息和重要数据原则上应当"境内存储"，就是为了防止关键行业的个人数据外流。欧盟和美国于2016年7月签订的《欧盟—美国隐私盾协议》，就旨在尽可能防止本区域公民个人数据的外流。俄罗

---

❶ 2013年6月，美国前中情局（CIA）职员爱德华·斯诺登将两份绝密资料交给英国《卫报》和美国《华盛顿邮报》，《卫报》于6月5日先发出了第一条消息，引起全世界哗然：美国国家安全局在一项代号为"棱镜"的秘密项目中，要求电信巨头威瑞森公司每天必须上交数百万用户的通话记录。紧接着第2天，《华盛顿邮报》披露称，在过去的6年间，美国国家安全局和联邦调查局通过进入微软、谷歌、苹果、雅虎等九大网络巨头的服务器，可以实时跟踪用户电邮、视频、聊天记录、照片、文件等上网信息，全面监控特定目标。斯诺登还向德国《明镜》周刊提表明，美国针对中国进行大规模网络进攻，并把中国领导人和华为公司列为目标，攻击的目标包括商务部、外交部、银行和电信公司等，为了追踪中国军方，美国国家安全局入侵了中国两家大型移动通信网络公司。

斯议会于 2014 年 7 月通过的《俄罗斯联邦个人数据法》规定俄罗斯公民的个人数据必须保存在俄境内的服务器上。数据的国家主权属性已成为各国共识，是数据权利区别于传统权利的重要特征。

综上所述，数据权利是一种具有财产权、人格权和国家主权属性的新型民事权利。数据权利混合属性的提出表明，学界已从单一的隐私权、人格权等理论研究，发展到既关注其人格属性、同时也关注其财产属性的混合属性研究，捕捉到数据权利纠纷中人身权益与财产权益交织混杂的复杂形态。在关注数据权利个体属性的同时，也基于数据本身在大数据时代的特殊作用而对其公共属性给予了特别关注，契合了基于数据技术发展所引发的数据权利法律关系变革的时代要求。较之于将数据权利属性界定为某一单一传统属性的观点，笔者认为，这种基于数据技术发展客观情势而将数据权利抽象化为独立新型权利的观点具备合理性与可行性，同时也为大数据背景下个人数据权利刑法保护的立场选择提供了全新的视角支持。

CHAPTER 02 >> 第二章
共享社会模式下数据权利的刑事法律风险

第一节 共享模式的提出、价值及数据要求

一、共享社会模式的提出

随着我国经济发展进入新常态，党的十八大以来，习近平总书记基于我国社会经济发展的巨大成就及实现社会公平正义的考量，提出了"共享发展理念"这一新概念，提出了"创新、协调、绿色、开放、共享"的发展战略规划，以期为全面进入小康社会提供更加公平、更加正义的社会环境，其中关于共享社会的发展，被认为是坚持其他4种发展的出发点和落脚点，为其他4种发展提供了伦理支持与治理动力。共享强调的是全体社会成员共同参与社会建设、共同参与社会治理并共同享有治理成果。

就其逻辑结构而言，共同享有社会治理成果是共享的核心之义。社会主义改革的目的是实现人民的共同富裕，这就意味着全体人民都享受到了改革发展的成果，都从改革开放中受益。突飞猛进的社会主义经济发展为共享提供了引擎与契机，但城乡之间、区域之间、以及不同群体之间的收益仍存在一定差距，个别行业利润畸高、个别群体收益不合理的现象仍然存在，与此同时，部分地区收入偏低，农村收入亟须提高的事实也不容忽视。因此，无论是近年来基于精准扶贫而实现的全面脱贫，还是基于地区发展不均衡提出的对中西部地区的政策扶持，其根本目的都在于实现改革成果的社会共享，以期实现幼有所育、学有所教、劳有所得、病有所医、老有所养、住有所居、弱有所扶。

二、共享模式在现代化社会治理中的价值

社会治理现代化是国家治理现代化的重要内容，有着重大的政治意义、理论意义与实践意义。就如何推进国家治理体系和治理能力现代化问题，党的十九届四中全会以专门研究的形式进行了讨论，部署了推进制度建设的重大任务和举措，对国家治理的方向、目标和制度保障，以及在各领域、各方面的推进措施和要求等，都进行了深入探讨。社会治理现代化要求多元社会主体共同参与，预防和化解社会矛盾、维护国家和社会安全、促进社会公平正义、激发社会活力。

社会共享及保障共享实现的共建与共治是现代化社会治理的基本要义。共建强调的是全体社会成员共同参与社会建设，在教育、医疗卫生、就业以及社会服务等领域，在以政府为主导的前提下，积极推动各种社会组织、各种社会力量参与到社会治理中，充分发挥社会组织在社会治理中联络民意、调节冲突、上传下达

的重要作用,激发社会力量参与社会建设的活力,支持社会组织在提供公共服务中有更多作为。而共治则强调全体社会公民共同参与社会治理。参与权是每一个公民的法定权利,随着我国物质文化水平的提高与人民参与社会公共事务意识的觉醒,民主、法治、公平、正义、安全、环境等已成为社会普遍关注的重要议题,这就要求各级政府积极完善社会治理格局,在完善社会治理结构的基础上,提高人民参与社会治理的积极性,形成以政府治理为主导、以社会治理为补充、公众高度参与治理的良性互动格局。

社会共享对于现代化社会治理的重要意义在于,社会改革发展成果由全体人民共享,就是在坚持以人为本、突出人民至上理念的前提下,致力于解决我国在长期的经济社会发展中人民群众受益不均衡的根本问题。实现发展成果由全体人民共享,关系到执政党的性质与命运。只有推进共享发展,才能保证国家的安定团结,实现社会的不断进步。

长期以来的经验教训表明,不强调社会的共建共治,不实现社会的共享繁荣,就会使得一部分人产生强烈的"失落感"甚至"被剥夺感",加剧社会阶层分化甚至可能导致社会阶层的固化风险,不同社会群体之间的矛盾不断扩大,社会内耗严重,甚至可能造成社会撕裂,国家发展受阻。只有坚持共享发展,才能在"分享型增长"的理念指导及实践引领下,提高社会底层人民的生活水平、平稳发展社会中层,增加人民生活的幸福感、满足感及对社会发展的认同感,真正实现社会公平正义。之所以如此,是因为公平正义与共享理念互为依托、相辅相成,没有共享发展,社会成员就无法享受最起码的物质保障,如此,维护公平正义的法治保障这一上层建筑就缺失了物质基础。尤其是在百年未有之社会大变局的当下,只有着眼于社会的共治共建共享，保证人民平等参与、平等发展、平等享有的权利，才能最终维护社会的厚植发展优势、凝聚发展精神、提升发展凝聚力。

三、个人数据共享是共享社会的必然要求

随着大数据、云计算的发展尤其是5G时代的来临，大数据已然成为重要的基础性和战略性资源，对大数据的掌控、分析、利用开启了新的时代纪元。大数据迅速发展使得公共卫生、商业、社会治理、生活模式等领域都产生了重大变革，人类正处于一次重大的时代转型中。2018年12月，我国提出将5G、人工智能、工业互联网、物联网定义为"新型基础设施建设"，该内容随后于2019年被列入政府工作报告，"新基建"正式成为提供数据转型、智能升级、融合创新等服务的基础设施的体现，从而起到推动数据要素参与到更多价值创造与分配体系中的作用。"新基建"涵盖了大规模的数据基础设施：5G、云计算、人工智能、物联网、数据中心等，而围绕这一基础设施的核心资产就是数据。实现"新基建"的基本途径，则是实现数据共享。个人数据作为重要的数据资源，在"新基建"的战略计划中发挥着不可估量的重要作用。

以互联网金融为例。互联网金融依托互联网平台，使得传统金融业取得了长足发展，并发展成为新的业态模式，即互联网金融。而互联网金融发展的前提就在于数据共享。区别于传统的金融模式，互联网金融在金融产品的设定规则、经营理念、商业模式等方面，都与大数据分析技术、互联网平台等在本质上具有高度契合性。这种契合性使得金融业务能够充分利用大数据的资源红利。依靠数据共享，金融业能够实现资源的最优配置与经营效

益的最大化。另外，数据共享能够拓展金融服务对象，使得互联网金融的各类功能得以纵深发展。例如，通过对共享数据的挖掘和整合，能够刻画用户消费画像，分析用户需求，创新金融产品，拓展金融功能。除此之外，互联网金融在助推金融业发展的同时，兼备互联网数据优势与金融业务痕迹化的特征，这使得对其实施的金融监管更加卓有成效。❶ 在互联网金融的运营过程中，客户数据分享是其重要内容。大数据时代个人数据共享的主要表现为：

（1）在日常经济生活中，个人数据共享已经成为个人享受数据便利的前提条件。虽然《个人信息保护法》对如何处理个人信息有明确规定，如根据该法第3、第14、第15条等规定，只有在取得个人同意的情况下，个人信息处理者方可处理个人信息，基于个人同意处理个人信息的，该同意应当由个人在充分知情的前提下自愿、明确作出，且基于个人同意处理个人信息的，个人有权撤回其同意等。对于正常商业行为中个人数据的获取，该法则没有作出过多规定。笔者认为，公民个人在作为用户使用共享单车、进行网络购物，甚至实体购物过程中完成网络支付等过程中，其个人数据已经作为享受服务的前提而被采集，这种类似于格式合同条件下的个人数据采集行为，数据主体被默认为同意出让其部分数据权利。另一方面，这些被采集的数据作为制定营销策略、提高营销效果或者优化服务的资源而被加以利用，成为数据企业的重要资产并因此实现了数据共享。

（2）在社会治理层面，个人数据共享已经成为各级政府及其相关部门制定相应政策、实现联动管理、提升治理效能的必然之

---

❶ 参见金励、周坤琳：《数据共享的制度去障与司法应对研究》，载《西南金融》2020年第3期。

义。随着社会治理智能化的热度不断攀升，智慧城市、智慧社区等概念也成为当前社会治理的新概念、新方向。要实现上述目标，就必须加强智能化的基础设施建设，如全面布局物联网、无线网等网络系统，建设高标准的水、电、能源、交通等智能化系统，促进政府数据与社会数据之间的深度融合，促进不同领域、不同职能部门之间数据的互通等，在此基础上，运用云计算、大数据分析、人工智能等技术，进行智慧化管理。精准而有序的智能化社会治理在将各类物纳入全面化、系统化、规范化的网络系统的同时，也将人具化，将人的一举一动几无遗漏地记录在监控之中，在对人的行为进行规制、预测的同时，也将人的社会活动物化为数据予以收集、保存、分析，并进而将其作为进一步分析、预测、管理的数据来源。

数据能够被分享，还在于其具备无形物的特征。数据主体或者其他控制者可以共同占有数据并加以利用。另外，数据也不会因为被特定主体使用而导致其使用价值降低，相反，供多用途使用的数据会因为使用目的的不同而发挥不能的功效，创造不同的价值。即便是完全相同的个人数据也可以基于不同的目的进行开发和使用，从而产生不同的增值服务或衍生应用，而这种多目的或多用途的使用之间又会相互影响和作用，从而产生更复杂和更高级的应用。❶ 大数据时代正是由于数据可以在网络空间的自由流动与分享才到来的，❷ 数据的分享与利用成为大数据时代的典型特征与特质内核。

---

❶ 参见吴伟光：《大数据技术下个人数据信息私权保护论批判》，载《政治与法律》2016 年第 7 期。

❷ 程啸：《论大数据时代的个人数据权利》，载《中国社会科学》2018 年第 3 期。

第二节　个人数据共享的刑事法律风险

大数据时代下，个人数据正呈现出全息化、网络化与透明化的特征，作为数据主体的个人只要参与社会生活，就会在甚至不自知的情况下持续不断地为整个社会的数据池提供个体化的数据增量并成为社会性产物。作为巨大的资产来源，个人数据正在被逐渐地社会化、商业化，伴之而来的是对数据的非法获取、泄露、滥用现象屡屡出现。尤其是，随着社会共享理念的深入及共享实践的推行，数据共享被认为反映了一个国家或地区的信息发展水平，数据共享的程度越高，该国家或地区的发展水平也就越高。事实上，数据共享是大数据时代实现数据价值的重要途径，实现、促进数据的开放与共享，充分应用与挖掘数据的内涵价值，实现数据在国家、企业与个人之间的良性互动，获取数据红利是目前各国积极追求的目标。

较早通过数据交易实现大数据共享的代表性平台有 2008 年成立的、旨在向客户提供有效数据美国事实（Factual）公司，2013 年日本富士通公司"Data plaza"大数据交易市场，2014 年 2 月我国中关村大数据交易产业联盟，2014 年 4 月上线的中关村数海大数据交易平台，2015 年 4 月挂牌营业的贵阳大数据交易所，2015 年 5 月成立的武汉东湖大数据交易中心等。❶ 通过商业化运营，个人数据在实现规模化共享的同时，相关主体所面临的刑事法律风险也在市场交易的各个环节中急剧增加。

---

❶ 参见陈俊华：《大数据时代数据开放共享中的数据权利化问题研究》，载《图书与情报》2018 年第 4 期。

一、国家数据权力视角下数据权利的刑事法律风险

就数据归属的主体类型而言，除了作为数据权利主体的公民个人及对规模数据进行占有、控制的数据平台，国家作为公权意义上的权力主体，对涉国家主权的数据也拥有占有与控制的权力。这种数据权力不仅表现为基于国家数据安全而在跨境数据流动中行使的数据管制权、为防止国内数据被境外不法获取或滥用而进行的管制权，而且表现为基于国家治理现代化需要而进行的数据管制权。由于国家数据权力在涉及国家数据主权情况下的行使目的在于保护个人数据免受境外不法侵害，是对数据权利的有益维护，因而基于国家数据权力视角研究数据权利可能面临的刑事法律风险仅限于国家在社会治理过程中对数据进行管制这一种单一的维度。

随着数据技术的发展与数据网络的普及，社会治理数据化已逐渐成为各国普遍做法。2015年1月，贵阳市开全国利用大数据完善政府治理之先河，启动了"数据铁笼"计划，目的在于借助大数据技术推动政府权力运行过程的信息化、数据化、自流程化以及融合化，❶实现对政府各部门权力的分析、预警、监督、评价，以提升政府的治理能力，促进公共服务模式转型，完善技术监督反腐体系，把政府权力关进基于数据而构筑的"铁笼"。到目前为止，利用政务大数据进行决策、管理已成为各级政府在信息化建设过程中由业务数据化向数据业务化转变的重要内容。为应对信息化带来的新挑战，全球主要国家也纷纷由传统的电子政务模式转向了数字政府的治理模式，重视数据治理的引领与驱动作

---

❶ 参见谭海波等：《基于大数据应用的地方政府权力监督创新——以贵阳市"数据铁笼"为例》，载《中国行政管理》2019年第5期。

用,《数字欧盟议程 2020》《数字法国 2020》《德国数字化战略 2025》《英国政府转型战略 2017—2020》,以及美国奥巴马政府发布的《数字政府:建立一个面向 21 世纪的平台更好地服务美国人民》、特朗普政府发布的《政府技术现代化法案》等,都旨在通过科技推动政府的数字化,拓展大数据、人工智能等在社会治理中的多领域、多维度应用。[1]

政府数据治理现代化的实施,首先就在于建立大数据监管平台,以便于对政府权力在运行过程中的行为进行全程的数据采集记录,对需要重点关注的节点进行数据的深入分析、比对,实现权力运行过程的可查、可控、可追溯,提高权力运行的规范化管理并且推动监督、惩治体系的数据化。大数据监管平台的建立意味着政府通过多种渠道进行数据的收集、获取、保存、分析与利用,同时,随着社会治理的专业化,涉及个人数据的领域越来越广泛,包含了人口普查、公安户籍、民政婚姻、车辆管理、税收、犯罪记录、社会保障等方方面面。另外,提供公共服务的相关机构,如医院、学校、慈善基金会等公益性社会组织,以及银行、保险等营利性公法人,在提供公共服务过程中收集的个人教育、健康、收入等数据,也成为政府数据的重要内容。[2]

随着政府社会治理数据化的发展,政府已成为个人数据的最大占有者与利用者,个人数据面临来自被政府部门不当收集或泄露的风险,相关主体可能触犯《刑法》第 253 条之一侵犯公民个人信息罪及其他相关犯罪,如借助网络或者以网络为工具实施的

---

[1] 参见宋灵恩:《以数字治理助推国家治理现代化》,载《信息通信技术与政策》2021 年第 8 期。
[2] 参见胡忠惠:《大数据时代政府对个人信息的保护问题》,载《理论探索》2015 年第 2 期。

危害国家安全类犯罪、公共安全类犯罪、侵犯公民的人身权利、民主权利类犯罪、侵犯财产类犯罪、破坏社会秩序类犯罪等。上述犯罪虽然均与数据权利被侵害而导致的风险有关，也都关涉个人利益，但具体而言，侵犯公民的人身权利、民主权利类犯罪是公民个人数据权利被侵害后所直接面临的刑事法律风险，主要来源于以下方面：

（1）政府随意收集个人数据，不注重个人隐私保护。在行政权力行使惯性的作用下，个别政府部门无视个人数据本身所具有的特殊人身性与财产性特征，在没有经过任何可行性论证的情况下，肆意收集个人数据，不仅如此，各部门之间乃至同一部门内部重复收集个人数据，导致个人在庞大的政府数据库面前几无任何隐私。而为达到防范社会风险目的广泛设置的技术监控设备，更是为政府收集个人数据提供了便捷、遍在的收集渠道，成为政府收集个人数据的主要来源。海量个人数据在作为数据主体的个人未知的情况下被收集纳入政府数据库，从源头上侵犯了公民的个人数据权利。

（2）个别政府部门或者政府工作人员不当泄露个人数据。主要表现为以下两个方面：一是政府部门或者政府工作人员不当泄露作为治理、服务对象的社会其他成员的个人数据，如在治理新冠肺炎疫情过程中，相关政府机关的工作人员掌握着比一般公众更多的防疫信息，为了提醒亲戚、朋友或者其他社会成员而将涉疫人员数据予以泄露，并因此导致涉疫人员被网暴、攻击、谩骂与嘲讽的；在"扫黑除恶"过程中违规将举报人数据泄露给被举报人，导致被举报人打击报复举报人等情况。二是不当泄露政府部门执法人员个人数据的，如内蒙古自治区、广西壮族自治区、山东省、江苏省扬州市等地政府网站均发生过泄露执法人员个人信息的事件,且多为泄露执法人员的身份证号或者工作证号,在山东省聊城市政府门户网站上,由该市城管局发布于2019年11月18日的266名执法人员名录库中,除了执法人员的姓名、性别、工作单位、执法证号等基本信息外,也披露了这些执法人员的完整身份证号。❶ 虽然相关政府部门的做法在于尽可能地实现政务公开,满足社会公众的知情权与表达权,提高行政效率与民众满意率,但公开执法人员敏感数据却在一定程度上侵犯了执法人员的个人数据权利。

(3) 政府数据系统防范不力导致个人数据泄露。据统计,最易发生数据泄露的并非金融或零售网站,而是政府部门网站。各国政府部门网站遭受的数据泄露中,最严重的一次发生在土耳其。2013年12月,土耳其最高选举委员会网站遭俄罗斯黑客攻击,选民数据库中5400万土耳其人的、包括姓名、身份证号、地址等在内的个人资料被盗。该事件的起因据称是由于土耳其最高选举委员会把选民的个人资料与所有政党分享,而部分政党的信息安全知识十分贫乏,他们的系统甚至连防毒软件也没有,因而导致黑客只需2小时便将所有选民资料复制。❷

在我国,因政府数据系统被非法侵入而导致个人数据泄露的事件时有发生。2014年,铁道部订票官网12306的大量数据遭到泄露,一份包含131 653条用户数据——其中包括用户账号、密码、身份证号、邮箱等信息——的文件在互联网疯传,且信息数据完全真实,这一事件除了给铁道部造成了严重的经济损失之外,

---

❶ 佚名:《政府官网泄露个人信息,说好的隐私保护呢?》,https://www.163.com/dy/article/FN74EC8A05346936.html,2020-09-23。

❷ 参见佚名:《数据泄露:政府、金融、零售网站最危险》,http://www.199it.com/archives/321450.html,2015-01-13。

也导致数据遭泄露的用户个人的人身与财产安全面临严重威胁。❶
2015 年,重庆市、上海市、山西省、沈阳市、贵州省、河南省等省市的卫生和社保系统出现大量高危漏洞,数千万用户的社保信息可能因此被泄露,围绕社保系统、户籍查询系统等爆出高危漏洞的省市已经超过 30 个,仅社保类信息安全漏洞统计就达到 5279.4 万条,涉及人员数量达数千万,泄露数据中包括个人身份证、社保参保信息、财务、薪酬、房屋等敏感数据。这一事件对相关个人的数据权利造成了严重的危害,大量数据被倒卖、被篡改,数千万个人成为主要埋单者。❷ 教育部属下研究生招生信息网也被不法分子侵入,130 万用户数据发生泄露,包括考研者姓名、性别,还有电话号码、身份证号、家庭住址、邮编、学校、报考专业等敏感信息均被泄露且被多次转变。❸

二、企业数据权力视角下数据权利的刑事法律风险

英国著名大数据科学家维克托·迈尔-舍恩伯格在其《大数据时代》一书中指出了大数据时代"让数据主宰一切的隐忧",认为"危险不再是隐私的泄露,而是被预知的可能性。"❹ 在大数据推动下,企业数据权力更多地集中到互联网平台企业,使其成为整合社会经济要素的重要载体,深刻地影响着社会的组织结构与权力结构,不仅如此,高度发展与扩充的数据平台也催生了平台

---

❶ 佚名:《网曝铁路 12306 大量资料遭外泄 不少乘客"中招"》,http://fz.fjsen.com/2014-12/26/content_15458705.htm,2016-12-26。
❷ 参见佚名:《警惕大数据时代的政府数据泄露问题》,http://www.jcrb.com/IPO/cmkb/201505/t20150511_1504477.html,2015-04-23。
❸ 参见佚名:《数据泄露:政府、金融、零售网站最危险》,http://www.199it.com/archives/321450.html,2015-01-13。
❹ 参见[英]维克多·迈尔-舍恩伯格、肯尼思·库克耶:《大数据时代》,盛杨燕、周涛译,浙江人民出版社 2013 年版,第 22 页。

权力的扩张甚至异化,从而形成数据权力垄断。

企业数据权力大致可分为平台私权力(核心权力)与平台公权力(衍生权力),前者是平台组织在保证自身运行过程中所应当享有的权力,后者是将外部的社会或者政府等权力内部化为平台组织的权力,是平台方的某些管制行为拥有的、可能对包括多边客户及关键利益相关者在内的所有社会成员产生影响的权力。❶ 企业数据权力的扩张与异化多基于平台的公权力而发生。因为在互联网经济模式下,互联网企业可以基于各种途径与理由获取用户的多方面数据,有些数据在传统社会模式中只能由政府获取并加以保存、利用。另外,在互联网不断发展与数据技术水平迅速提升的情势下,强大的数据处理能力使互联网企业的数据权力得到进一步加持,派生出各种有利于企业自身发展的权力规则。

推特、脸书等互联网巨头基于政治目的实施的各类网络封杀,❷ 国内近年来出现的蚂蚁金服事件、公信评价平台❸等表明,数据权力,尤其是数据公权力,已深刻影响了社会的政治、经济领域。数据企业基于自身技术优势形成的对海量个人数据的占有、

---

❶ 参见王志鹏、张祥建、涂景一:《大数据时代平台权力的扩张与异化》,《江西社会科学》2016年第5期。
❷ 最为典型的是,在2020年的美国选举中,由于美国国会暴乱事件,时任美国总统特朗普首先遭到了两大互联网社交巨头脸书和推特的封杀,随后,谷歌冻结了特朗普的YouTube账号,Reddit关闭了一些支持特朗普的论坛,Snapchat则在新任总统拜登就职时永久性封禁特朗普的账号。这次事件是互联网数据企业对其所掌握权力的里程碑式的展示,仅凭几个单方面的决定,少量科技公司高管就剥夺了美国总统最重要的发声工具、让他失去了吸引注意力,其数据权力之大、权力规则之随意确实让人深思。参见佚名:《推特、脸书封杀特朗普内幕》,http://tech.hexun.com/2021-01-15/202831662.html,2021-01-15。
❸ 公信评价平台是互联网企业设置的对某些餐厅、商品、旅游地、医疗机构、学校等的商誉的评价平台,平台方可以利用对海量客户数据的统计,为公众提供选择参考,大众点评等就属于此类机构。

控制与利用，也使得其能够在关于某类事件的预判中迅速、准确地分析出各类因素之间的相关关系并预测事件的发生、发展趋势及未来走向。例如，在 2009 年，谷歌通过把 5000 万条美国人最频繁检索的词条和美国疾控中心在 2003 年至 2008 年间季节性流感传播时期的数据进行比较，成功预测了当年甲型 H1N1 流感的暴发及其传播源头，远早于美国疾控中心官方。❶ 数据企业的非法收集、利用等行为导致个人数据权利面临风险，主要表现在以下方面：

1. 数据企业广泛收集包括个人敏感信息在内的海量个人数据

早在 2014 年，央视《新闻直播间》就报道苹果手机用户的位置数据随时会被记录下来并被存储在手机当中，这些数据甚至比手机基站、WIFI 定位精准度更高，即使用户关闭了位置权限，也不影响手机对用户地理位置的记录。事实表明，即便《个人信息保护法》《网络安全法》《消费者权益保护法》等相关法律法规都规定了对个人数据的收集必须满足合法、正当、必要等原则，严禁随意收集个人数据，但一些企业为了追求经济利益，将其私益置于社会利益之上，不愿履行或者不完全履行个人数据相关责任，甚至通过个人数据保护的漏洞进行收集。与此同时，企业收集个人用户数据的方式也变得越来越隐蔽，由收集姓名、住址、通讯方式等转变为收集用户的网络浏览痕迹等。

2. 数据企业利用依靠业务优势收集的海量数据侵犯用户数据权利

数据企业利用其技术优势侵犯用户数据权利的现象主要集中于大型数据企业平台。例如，2012 年 9 月 9 日上线的"滴滴出行"，作为国内涵盖了出租车、专车、滴滴快车、顺风车、代驾及

---

❶ 佚名：《"大数据"对当今社会带来的巨大变革》，http：//www.elecfans.com/rengongzhineng/611196_2.html，2021－09－27。

大巴等出行和运输服务的一站式移动出行平台,就利用其业务优势控制了海量用户数据。2021年7月因其应用程序(APP)存在严重违法违规收集使用个人数据问题,被国家互联网信息办公室依据《网络安全法》的相关规定,通知应用商店下架。下架的目的便是切实保障广大用户个人数据安全。事实上,数据企业利用其控制的个人数据针对数据主体进行的精准营销已由单纯的广告营销演变为集广告业务与"大数据杀熟"于一体的混合营销模式。"大数据杀熟"❶作为一种商业手段,其对象多为对平台的信任度和黏性较高的老用户或者会员。数据企业利用这些用户一般不会进行"货比三家"的消费习惯,对不同用户实施差别性定价,以实现平台利润的最大化。笔者认为,"大数据杀熟"侵犯的是用户对商品和服务的知情权和公平交易权,违反了平台数据使用"合法、正当、必要"❷的原则,构成价格欺诈,应予行政处罚。但是,如果数据平台在未经用户同意的情况下,为扩大业务、获取利润而非法使用用户数据,进行针对性营销,导致数据主体遭受重大财产损失的,这一行为本身就具有一定的刑事可罚性。

---

❶ 大数据杀熟是指经营者运用大数据收集消费者的信息,分析其消费偏好、消费习惯、收入水平等信息,将同一商品或服务以不同的价格卖给不同的消费者从而获取更多消费者剩余的行为。2018年12月20日,大数据杀熟当选为2018年度社会生活类十大流行语。此后,文化和旅游部、市场监管总局等部门对这一现象出台了各类规制措施。但截至目前,大数据杀熟仍广泛存在,如在2021年,新华社发布《中消协:"大数据杀熟"如何影响消费者权益?》,指出网络消费领域算法应用中存在的问题,中国消费者协会在京召开"网络消费领域算法规制与消费者保护座谈会",指出部分互联网平台利用算法技术进行大数据杀熟,"新华视点"记者也实测发现,在涉及出行、餐饮等多个生活领域均存在大数据杀熟现象。参见佚名:《大数据杀熟》,https://baike.sogou.com/v167704907.htm#para3,2021-09-24。

❷ 该原则分别为《个人信息保护法》第5条、《网络安全法》第41条、《数据安全法》第32条、《民法典》第1035条等所规定。

3. 企业数据权力的义务履行不力导致数据泄露并进而侵害数据主体权利

在大数据时代，随着数据量呈指数级增加，平台数据的潜在价值被快速挖掘并形成巨大的资源力。在这一过程中，数据垄断在一定程度上控制了人们的生活。通过大规模地对个人数据进行分析，个人的生活、工作轨迹可以被准确描绘出来，个人隐私将面临完全暴露的风险。为了保证数据安全，数据企业往往会采取相应的技术措施。然而，由于技术本身的漏洞或者安全措施不到位，数据泄露事件时有发生，并造成数据主体个人隐私泄露、财产损失等，其中遭受黑客攻击的案例最具典型性。2020年阿里巴巴旗下电商平台、新加坡电子商务公司来赞达（Lazada）发声明表示，10月29日发现了一起"RedMart数据安全事件"。这是该公司网络安全团队"定期主动监控"的一部分，该漏洞导致未经授权访问托管在第三方服务提供商上的"RedMart专用数据库"，造成110万账号信息被黑客入侵，个人姓名、电话号码、加密密码和部分信用卡号等个人数据泄露。❶ 数据企业作为数据收集者，负有保障数据安全的义务。不可否认的是，由于技术限制等因素，即使数据企业采取了相应的安全措施，也不免会遭受黑客攻击。但从目前的情况来看，笔者认为平台本身在数据保护方面的不力是造成数据泄露的重要因素。由于数据价值的重要体现在于其流动性与共享性，因而即使发生安全事故，由于系统和数据安全的责任权界不甚明晰，主体责任的划分也面临困难，这就使得在一定情况下数据控制者在数据安全保障方面出于懈怠等原因而未尽到应有的注意义务，最终导致数据泄露。

---

❶ https：//finance.sina.com.cn/doc-iizncktc8637862.shtml，2020-10-31。

4. 数据企业、有权获取个人数据的单位及其工作人员非法提供个人数据

为了维护数据安全，各大数据平台都会采用较严格、精密的数据保护系统。以阿里集团为例，作为行业翘楚，阿里云提供的安全系统涵盖了包括网络安全、主机安全、应用安全、数据安全及安全态势感知等多方面、多层面的安全服务。不仅如此，在上述各个方面，阿里云所提供的安全保护措施几乎都做到了业内顶级。就数据安全方面而言，云盾证书服务能够帮助租户轻松实现"全站 HTTPS"，防劫持、防窃听，云盾加密服务/密钥管理服务让敏感数据加密存储，使未经授权的人根本拿不到、解不开数据，即使黑客。❶ 但即便如此，2019 年 11 月左右，阿里云的一名电销员工违反工作纪律，在通过岗位便利获得了客户的联系方式后，将客户数据透漏给分销商员工，导致用户数据大量泄露。这是一起典型的、由于内部工作人员的非法行为导致的严重的个人数据泄露事件。2020 年 8 月发生在河北省邯郸市永年区某物流公司的个人数据泄露事件，也是由于 5 位圆通员工通过业务便利，为牟取不当经济利益，导致大量客户隐私数据泄露。❷ 汽车 4S 店、售楼处、医疗机构、教育部门、金融、电信、交通等部门，甚至个别政府部门的工作人员利用职务之便将所获取公民个人数据出售或者非法提供给他人的案例也偶有发生，严重侵害了数据主体的数据权利。另外，在司法实践中，个别网络交易平台甚至在明知他人进行非法数据买卖的情况下，为追求不法利益，允许他人对公

---

❶ 佚名：《阿里隐私泄露案，暴露了行业的阴暗面》，https：//www.seiot.com.cn/detail/19451.htm，2021 - 08 - 27。

❷ 佚名：《2020 年数据泄露事件有多疯狂？》，https：//www.sohu.com/a/474676267_604699，2021 - 09 - 28。

民个人数据进行存储、流转、买卖。这类行为也导致个人数据大量泄露。

根据《最高人民法院、最高人民检察院关于办理非法利用信息网络、帮助信息网络犯罪活动等刑事案件适用法律若干问题的解释》（法释〔2019〕15 号），网络平台及其工作人员泄露用户财产信息等 500 条以上、伪造 3 个以上"钓鱼网站"等违法情形，可按照《刑法》有关规定入罪，处 3 年以下有期徒刑等。另外，对于不履行法律、行政法规规定的信息网络安全管理义务，经监管部门责令采取改正措施而拒不改正、致使用户数据泄露并造成严重后果的，未履行或未适当履行相关数据安全管理义务、利用信息网络进行非法牟利或者其他违法犯罪活动的，以及明知他人利用信息网络实施犯罪而为其犯罪提供互联网接入、服务器托管、网络存储、通讯传输等技术支持，或者提供广告推广、支付结算等帮助并因而侵犯个人数据权利的，存在触犯《刑法》第 286 条之一的拒不履行信息网络安全管理义务罪，第 287 条之一的非法利用信息网络罪和第 287 条之二的帮助信息网络犯罪活动罪的风险。

三、跨境数据流动中数据权利的刑事法律风险

据国际数据公司 2019 年测算，到 2025 年，中国拥有的数据量在全球的占比将提升到 27.8%，成为全球首位。❶ 与之相伴的是，随着跨国商业活动的增加，我国的个人数据跨境流动规模越来越大，这不仅事关国家数据安全，更关系到公共数据安全与个人数据安全。我国相关部门已经认识到了数据跨境流动中监管的重要性与迫切性。然而，由于跨境数据监管的复杂性以及不同国家对

---

❶ 高钰、周蔚：《完善数据跨境流动法律规制》，载《检察日报》2021 年 9 月 27 日第 7 版。

数据跨境规制的不同，我国多年以来一直没有关于数据跨境的安全评估规则。国家互联网信息办公室早在2017年便曾就个人数据和重要数据出境的安全评估办法征求过意见，又于2019年就个人数据出境安全评估发布过征求意见稿。直到2022年5月19日，国家互联网信息办公室根据《网络安全法》、《中华人民共和国数据安全法》（简称《数据安全法》）、《个人信息保护法》等法律法规，正式制定了《数据出境安全评估办法》，并于2022年第10次室务会议审议通过，为我国数据跨境流动的安全监管提供了第一道规范意义上的保护阀。但该办法的具体实施效果，尚待时间检验。我国在数据跨境流动的监管方式方面也比较单一。虽然《网络安全法》确立了数据本地化存储和数据出境安全评估相结合的监管方式，但这种规定是基于静止的数据监管而确立的。在跨境数据流动的多场景动态背景下，具体的可操作性并不强，尤其是在个人敏感数据、一般个人数据、规模性个人数据等方面，《网络安全法》未规定多元化的分级监管评估。因而在出境个人数据保护的力度与密度方面均有所欠缺，导致某些敏感数据或者重要数据可能被滥用，进而成为针对我国公民实施违法犯罪行为的目标源。

另外，就跨境数据流动本身而言，数据在传输、访问与处理等环节都存在一定的风险。具体而言，在传输方面，由于数据在跨境流动过程中环节较多、路径多元、溯源困难，因而面临被不法截获、伪造、篡改等风险。在存储环节，受数据接收地的安全防护水平、数据技术发展水平以及数据安全意识程度等因素影响，个人数据面临被不当泄露或者非法窃取等风险。而在应用方面，由于各国的数据管理政策与法律法规不同，不可避免地存在着关于数据对接保护的认识差异、措施差异、对不法行为的规制差异等问题，数据所有权与使用权往往界限不明，使个人数据权利被侵害的风险加大。

四、其他社会个体对数据权利可能形成的刑事法律风险

除了国家行使行政数据权力及数据企业行使业务数据权力可能侵害公民数据权利之外，其他个人也可能为非法目的侵害公民的个人数据权利。在司法实践中，行为人利用各种手段收集个人数据，并利用所获取的个人数据或直接进行违法数据交易，或进行其他违法犯罪活动，严重威胁了数据主体的人身和财产安全。

1. 非法收集个人数据，侵害个人数据权利

一般情况下，行为人非法收集个人数据多是为了实施其他违法犯罪行为，因而可以说，非法收集公民个人数据是实施其他违法犯罪活动的前置性行为。但根据我国《刑法》第253条之一的规定，窃取或者以其他方法非法获取公民个人数据的，即构成侵犯公民个人信息罪。行为人收集个人数据，或是针对特定个人进行具体数据的收集，或是针对不特定多数人进行规模性的数据收集。在前者情况下，行为人或通过有目的性地进入相关网站，或通过从有数据收集权的他人或者单位处非法购买，或通过自行安装监控设备或者实地跟踪等方式获取他人数据，除非利用了所获数据进行其他违法犯罪活动或者所收集数据具有高度敏感性或者关键性，否则，这种非法收集他人数据的做法一般不具有刑事可罚性。而在规模性地收集不特定个人数据的情况下，这种非法收集的行为本身就具有了一定程度的刑事可罚性。

（1）设立各种钓鱼网站，非法收集公民个人数据。不少从事诈骗活动的行为人假冒国家机关或者金融机构的名义设立用于实施违法犯罪行为的网站。他们在将网站内容托管到服务器后申请

各种近似或者类似于国家机关或者金融机构的虚假域名，借此收集公民个人数据，进行违法犯罪活动。在我国，包括法院、公安部门、市场监管部门、海关等政府机构以及航空公司、中国工商银行等都曾被行为人假冒，创建钓鱼网站，行为人在获取公民个人数据后，再根据这些数据所提供的公民的个人信息，进行针对性的诈骗或者其他违法犯罪活动。

（2）利用恶意程序批量地非法获取网站用户个人信息。例如，行为人针对合法网站的漏洞，编制批量扒取数据的恶意程序，在未经合法网站授权的情况下，进入网站的后台管理系统，获取包含用户姓名、手机号、住址、网购内容、浏览记录等在内的用户数据。这种恶意获取用户个人数据的行为，一般多是在远程、非接触状态下跨省区、多地域完成，涉案人员相对松散，涉案范围广，加之作案手段技术含量相对较高，给诸如移动存储介质、手机、QQ、银行卡等电子证据的提取、固定、转化等工作带来一定的困难，这也导致了此类案件在侦破、查处等方面将面临一系列难题。而犯罪人也正是利用了这一现状，频繁地进行违法犯罪活动，给数据主体造成难以估量的损失。

（3）通过外部链接形式，通过发布免费送、集赞、假红包等欺诈信息，假借上述名义非法收集用户个人数据。不法分子利用人们贪图小便宜的心理，宣称免费送礼品、免费集赞，或者把网页链接的封面图片设计伪造成"微信红包"的标志，诱惑用户点开并传播，以便完成收集用户数据、诱导用户分享以扩散吸引其他用户等目的。用户在打开外部链接时，其个人数据就会自动地被非法获取并收集。据微信官方报道显示，在2018年上半年，微信官方通过用户举报、核实确认的方式，共计对8000余个微信群进行了限制群功能处理，并对4000余个微信账号进行限制功能或限制登录等阶梯式处罚。同年 7 月 28 日，微信发布了《关于打击欺诈违规、非法收集个人信息的处理公告》，对上述具有恶意营销、欺诈性质的非法行为表示了零容忍的态度。❶

（4）通过有权获取个人数据人员非法获取具有针对性的类型化个人数据。对于征信情况、房产数据、健康数据等只有具有相应权限的人员才能知悉的数据，行为人除了自行使用恶意软件非法侵入计算机系统外，往往也会采用向有权通过自己职权便利获取相关数据的人员（一般是单位工作人员）非法购买相关数据，或者通过行贿等方式非法获取相关数据。另外，对于某类针对性较强的个人数据，行为人也会通过与能够获取该类数据者非法勾结的方式批量收集数据，如与学校相关人员勾结获取学生数据、与医院相关人员勾结获取新生儿数据、与保险公司相关人员勾结获取保险数据等。

2. 利用非法获取的个人数据进行违法犯罪活动

（1）贩卖个人数据牟利。行为人以"调查公司""信息咨询公司""数据服务中心"等名义，通过微信朋友圈、QQ 群、微博等发布出售个人户籍、车辆档案、手机号码、手机定位、个人征信、旅馆住宿、社保等各类公民个人数据的广告，用以寻找客户，在接单后再通过向上家购买个人相关数据并加价出售。在司法实务中，贩卖个人数据的链条往往经过多个环节，层层加价，如甲在接到购买个人数据的订单后，向乙提出购买要求，而乙本身也不掌握具体的个人数据，只能与其上家丙联系购买个人数据，如此多次操作后，由最终掌握个人数据者提供数据，完成整个链条的

---

❶ 参见佚名：《微信发布〈关于打击欺诈违规、非法收集个人信息的处理公告〉》，https：//www.dsb.cn/83051.html，2021 - 10 - 09。

闭合。个人数据被多次转售，甚至在个别情况下被分售，如将所获数据打包售给多人或者将数据分类销售给多人。数据贩卖的多元化与多渠道性使得数据传播突破了"点对点"的传播方式，增加了数据非法泄露扩大化的风险。对于数据贩卖链条而言，数据权利成为毫无保障可言的、随时可能被多次、多向度、多种程度侵犯的对象。

（2）利用非法获取的个人数据进行违法犯罪活动。行为人非法获取个人数据，除了表现为进行精准营销，如有针对性地向特定主体推销商品、服务以及进行非法贩卖以牟利外，也表现为利用所获得的个人数据进行诈骗等违法犯罪活动。例如，行为人冒充学校、教育局等工作人员给学生家长打电话，以获取国家教育补贴等名义，诱骗学生家长将钱财转至行为人控制的特定账户，进行网络诈骗活动；行为人通过获取的受害人联系方式，冒充司法机关或者市场监管部门、税务等国家行政机关，联系受害人谎称后者涉嫌某类违法犯罪行为并要求后者按要求对相关账户进行处置，再借机转移受害人钱财，或者对受害人进行敲诈勒索；个别情况下，行为人利用非法获取的数据锁定受害人，进行故意杀人、故意伤害、抢劫等针对受害人人身的违法犯罪行为。

第三章
我国数据权利刑法保护的现状及存在问题

第一节 数据权利刑法立法保护现状

就广义而言,我国刑法关于个人数据权利的立法保护,主要从 3 个层面展开:①前置性法律法规,包括《个人信息保护法》《全国人民代表大会常务委员会关于加强网络信息保护的决定》《消费者权益保护法》、最高人民法院公布的相关规定、国务院的部门规章以及《民法典》等。这些法律法规都对个人信息(数据)保护作出规定,为个人数据的刑法保护提供了前提性铺设。②附属刑法立法,即对于侵害个人数据权利情节严重的,非刑事法律在认定违法的基础上,作出"构成犯罪的,依法追究刑事责任"的规定。③《刑法》及相关司法解释中关于个人数据的保护规定。

一、前置性法律法规中关于数据权利的保护性规定

刑法作为部门法的后盾与保障，无论在犯罪圈的划定还是刑事责任的追究方面，都既要在形式上受制于其保障的前置法中保护性规定的规定，又要在实质上受制于其前置法之保护性规范共同保障的调整性规范的规定。[1] 受制于法的统一性原理，刑法认定为犯罪的行为，必然是前置法所认定的不法行为，而前置法所认定的合法行为，刑法则无论如何不得将其认定为违反刑法规范的行为。因此可以说，前置法与刑法的关系，遵循着前者定性、后者定量的基本逻辑。就个人数据权利保护而言，前置性法律法规中关于个人数据保护的规定，为刑法关于侵害个人数据权利行为的刑事可罚性的认定提供了前提性的行为设定，有利于避免风险社会语境下犯罪的泛化倾向。

刑法的前置性法律法规中关于个人数据保护的规定，主要体现在以下方面：

（1）《个人信息保护法》中关于个人数据的保护规定。随着个人数据价值的凸显，个人数据安全风险与日俱增，数据泄露、数据贩卖等安全事件频发。个人数据保护成为全球范围内受广泛关注的课题，美国各州出台的关于消费者数据保护的法律、欧盟的GDPR、《阿根廷个人数据保护法》《越南个人数据保护法》等都表明，出台专门的个人数据保护法已成为大数据时代个人数据保护的必然举措。我国作为数字经济大国，制订专门的个人数据保护法律刻不容缓。

2019年12月20日，全国人民代表大会常务委员会法制工作

---

[1] 参见田宏杰：《刑法与前置法的关系再讨论》，载《法学家》2013年第3期。

委员会举行第三次记者会，发言人介绍了全国人民代表大会常务委员会 2020 年的立法工作安排，个人信息保护法被列入立法计划。2020 年 10 月 13 日，第十三届全国人民代表大会常务委员会委员长会议提出了关于提请审议个人信息保护法草案的议案，10 月 21 日，全国人民代表大会常务委员会法制工作委员会公开就《中华人民共和国个人信息保护法（草案）》征求意见。其间历经三次审议、多次修订，2021 年 8 月 13 日，全国人民代表大会常务委员会法制工作委员会举行记者会，通报本次常务委员会会议拟审议的法律草案的主要情况。8 月 20 日，第十三届全国人民代表大会常务委员会第三十次会议表决通过该法，并宣布其于 2021 年 11 月 1 日起施行。该法的主要目的在于保护个人信息（数据）权益，规范个人信息（数据）处理活动，在保障个人数据依法有序流动的同时，促进个人数据的合理利用。《个人信息保护法》是我国第一部对个人数据保护作出全面规定的法律，也是大数据时代使个人数据权利获得全面保护的指导性法律。

《个人信息保护法》共 8 章 74 条，在有关法律的基础上，进一步完善了个人数据保护应当遵循的原则，细化了个人数据的处理规则，明确了个人数据处理活动中相关主体应当遵守的权利义务边界，健全了个人数据保护工作的体制机制。该法第 2 条规定："自然人的个人信息受法律保护，任何组织、个人不得侵害自然人的个人信息权益"，明确了个人数据权利受法律保护的立场。而对于保护个人数据权利，《个人信息保护法》作了较为全面的规定，主要体现在以下方面：

第一，明确个人数据的概念。根据该法第 4 条第 1 款的规定，个人数据（信息）是指除匿名化处理后的个人信息之外，以电子或者其他方式记录的、与已识别或者可识别的自然人有关的各种信息，明确了个人数据的可识别性及其与个人之间的不可分割性，最大限度地为保护个人数据权利提供了法律层面的概念支持。

第二，明确个人处理收集与处理的相关原则。根据该法第5条至第9条的规定，收集个人数据应当限于实现处理目的的最小范围，处理个人数据应当遵行合法、正当、必要和诚信原则，应当具有明确、合理的目的，应当公开、透明并保证个人数据的质量。

第三，明确"知情同意"原则及撤回权。根据该法第13条至第17条的规定，除了法律规定的相关事项，如应对突发公共卫生事件、紧急情况下为保护自然人的生命健康和财产安全所必需、为公共利益实施新闻报道、舆论监督等情况外，对个人数据的处理必须建立在权利主体充分知情且明确同意的基础上，在处理目的、处理方式或者数据种类发生变更时应当重新取得权利主体的同意。不仅如此，权利主体有权撤回其数据不影响撤回前基于个人同意已进行的个人信息处理活动的效力，个人数据处理者不得以个人不同意处理其个人信息或者撤回同意为由，拒绝提供产品或者服务。

第四，强调"人脸识别"等公共场所内个人数据的保护。根据该法第26条的规定，在公共场所安装图像采集、个人身份识别设备，应当以维护公共安全为目的，遵守国家有关规定，并设置显著的提示标识。所收集的个人图像、身份识别信息只能用于维护公共安全的目的，不得用于其他目的；取得个人单独同意的除外。

第五，严格保护敏感的个人数据。根据该法第28条至第32条的规定，生物识别、宗教信仰、特定身份、医疗健康、金融账户、行踪轨迹等信息，以及不满14周岁未成年人的个人信息被列为敏感个人信息，并要求只有在具有特定目的和充分的必要性，以及采取严格保护措施的情形下，方可处理敏感的个人信息，同时应当事前进行影响评估，并向个人告知处理的必要性以及对个人权益的影响。

第六，强调国家机关个人数据保护的义务。根据该法第33条至第37条的规定，国家机关处理个人信息必须是以履行法定职责为目的，且应当依照法律、行政法规规定的权限、程序进行，除特殊情形外还应当履行告知义务。国家机关所收集的个人数据应当在中华人民共和国境内存储；确需向境外提供的，应当进行安全评估。

第七，明确个人数据跨境规则。根据该法第38条至第43条的规定，因业务需要确需向境外提供个人数据的，必须经过安全评估或认证保护等，且应当取得权利主体的同意。法律尚且规定了关键信息基础设施运营者和大型网络平台的特别义务，强调数据跨境中的平等互利原则。

第八，明确个人在数据处理中的权利。根据该法第44条至第50条的规定，数据主体享有知情权、决定权以及限制他人使用或者拒绝他人使用其个人数据等一系列权利。

第九，明确一般个人、大型网络平台及其他部门与组织在数据处理中的义务。例如，大型网络平台应当按照国家规定建立健全个人信息保护合规制度体系，成立主要由外部成员组成的独立机构对个人信息保护情况进行监督；遵循公开、公平、公正的原则，制定平台规则；对严重违法处理个人信息的平台内产品或者服务提供者，停止提供服务；定期发布个人信息保护社会责任报告，接受社会监督等。

第十，升级对侵害个人数据权利行为的处罚力度。根据该法

第66条至第71条的规定，《个人信息保护法》遵循了严厉惩罚个人信息违法行为的国际通行做法，加重了对侵犯个人信息行为的惩处力度。一是针对目前常见的APP违法违规收集使用个人信息的现象专门设置了"责令暂停或终止提供服务"的处罚；二是加重了对违法企业及其相关责任人员的处罚。不仅如此，相关罚则也基本覆盖了常见的违法行为，并规定了构成犯罪应当追究刑事责任的顶格罚则。

（2）《网络安全法》关于个人数据保护的规定。《网络安全法》着力于保障网络安全，维护网络空间主权和国家安全、社会公共利益，保护公民、法人和其他组织的合法权益，促进经济社会信息化健康发展。其中关于个人数据保护的规定，散见于该法第3章"网络运行安全"、第4章"网络信息安全"和第6章"法律责任"之中，具体包括以下方面：

第一，强调网络产品、服务提供者在涉个人数据时的义务。根据该法第22条第3款的规定，网络产品、服务提供者需要收集用户数据的，应当向用户明示并取得后者同意，在涉及用户个人数据时，还应当遵守本法和有关法律、行政法规关于个人数据保护的规定。

第二，明确网络运营者在涉个人数据时的义务。根据该法第40—45条的规定，网络运营者对其收集的个人数据应当严格保密并采取必要的保护措施，并建立健全相应的保护制度；在收集使用个人数据时，应当遵循合法、正当、必要的原则，公开收集、使用规则，明示收集、使用数据的目的、方式和范围，并经被收集者同意；对数据的使用应当遵守法律、行政法规的规定和与数据主体的约定，不得泄露、篡改、毁损其收集的个人数据。数据主体发现网络运营者违反法律、行政法规规定或者双方约定的，可以行使删除权或者更正权，要求网络运营者删除或者更正。依法负有网络安全监督管理职责的部门及其工作人员不得泄露、出售或者向他人非法提供其在履行职责中知悉的个人数据。其他任何组织和个人也不得非法获取、非法出售或者向他人非法提供个人数据。

第三，规定网络运营者、网络产品或者服务提供者违反义务的相应罚则。该法强调对于侵害个人数据权利的主体，可以根据违法情节，由有关主管部门给予责令改正、警告、没收违法所得、罚款、责令暂停相关业务、停业整顿、关闭网站、吊销相关业务许可证或者吊销营业执照等处罚。

(3)《数据安全法》关于个人数据保护的规定。《数据安全法》旨在保障数据安全，促进数据开发利用，保护个人、组织的合法权益，维护国家主权、安全和发展利益，是一部着力于保护我国整体数据安全的法律。该法在一定程度上是针对包括个人数据安全在内的整体数据安全的保护性法律规范，个人数据只是其保护范围的一部分；另外，该法所谓的数据安全，不仅包括数据的国内安全，也包括数据的国际交流安全。其中将个人数据权利予以明确单独规定的，主要涉及以下条款：

①根据该法第 7 条规定，国家保护个人、组织与数据有关的权益，强调了国家关于个人数据权利的保护。②根据该法第 8 条规定，开展数据处理活动，不得损害个人的合法权益。③根据该法第 21 条规定，国家根据数据在经济社会发展中的重要程度等，建立数据分类分级保护制度，从而在包括个人等的合法权益被危害的情况下，实现对数据的分类分级保护。④根据该法第 38 条规定，国家机关对在履行职责中知悉的个人数据应当依法予以保密，不得泄露或非法提供给他人。⑤根据该法第 51 条规定，窃取或者以

其他非法方式获取数据，损害个人等合法权益的，依照有关法律、行政法规的规定处罚。

（4）2021年5月1日，国家互联网信息办公室秘书局、工业和信息化部办公厅、公安部办公厅、国家市场监督管理总局办公厅联合发布了《常见类型移动互联网应用程序必要个人信息范围规定》。该文件明确规定了地图导航、网络约车、即时通信、网络购物等39类常见APP的必要个人数据范围。该文件要求APP运营者不得因用户不同意收集非必要个人数据而拒绝用户使用其基本功能服务，在保障APP正常运行的同时，还应保障用户对APP基本功能服务的使用权，以及对运营者收集使用非必要个人数据的知情权与决定权。

（5）2020年10月1日，推荐性国家标准《信息安全技术 个人信息安全规范》正式实施。这部由33位拥有政策制定、技术标准、企业实践经验的专家共同起草、历经2年多修改而出台的规范，针对个人数据面临的安全问题，对个人数据控制者在收集、保存、使用、共享、转让、公开披露等数据处理环节中的相关行为提出要求，旨在遏制个人数据被非法收集、滥用、泄漏等乱象，最大程度地保障个人的合法权益和社会公共利益，填补国内个人数据保护在实践标准上的空白。

《民法典》关于个人数据权利保护的规定。《民法典》第1034—1039条对个人数据保护作出明确规定：①规定了个人信息的概念，明确自然人的个人信息（数据）受法律保护。②规定处理个人数据应当遵循合法、正当、必要原则，不得过度处理；提出了个人数据的处理规则，并明确规定个人数据的处理包括收集、存储、使用、加工、传输、提供、公开等环节。③规定了数据主体的查阅权、复制权、异议权、更正权、删除权。④要求数据处理者确保数据安全，不得泄露或者篡改其收集、存储的个人信息，未经数据权利主体同意，不得向他人非法提供其个人数据，除非该数据经加工后不再具有识别特定个人的功能且不能复原。⑤规定了国家机关、承担行政职能的法定机构及其工作人员对于履行职责过程中知悉的个人数据的保密义务。

《消费者权益保护法》关于个人数据保护的规定。《消费者权益保护法》关于个人数据的规定，主要集中于对消费者数据的保护之上，具体包括：①该法第14条明确规定，消费者在购买、使用商品和接受服务时，享有个人信息（数据）依法得到保护的权利。②该法第29条第1、第2款规定，经营者收集、使用消费者个人数据，应当遵循合法、正当、必要的原则，明示收集、使用信息的目的、方式和范围，并经消费者同意。经营者收集、使用消费者个人信息，应当公开其收集、使用规则，不得违反法律、法规的规定和双方的约定收集、使用数据。另外，经营者应当采取措施，确保消费者的个人数据安全，经营者及其工作人员对收集的消费者个人信息必须严格保密，不得泄露、出售或者非法向他人提供。

二、我国《刑法》关于数据权利保护的规定

作为其他法律法规的保障法，《刑法》具有底限法的功能。对于非刑事法律法规认定为不法侵害个人数据权利的行为，在这些前置性法律法规不足以规制其恶的场合，《刑法》将其类型化为具有刑事可罚性的抽象化行为并配置以相应的刑罚。这是对大数据时代数据权利保护的现实回应，也是我国现代法治体发展与完善的切实举措。《刑法》关于数据权利保护的规定，主要表现为以下几个方面：

1. 直接侵犯个人数据权利类犯罪

此类犯罪包括《刑法》第 252 条侵犯通信自由罪，第 253 条私自开拆、隐匿、毁弃邮件、电报罪，以及第 253 条之一的侵犯公民个人信息罪。上述条款的规制对象都直接指向或关涉个人信息（数据）。其中，第 253 条之一是我国刑法关于个人数据权利保护的最重要的条款之一，该条款所规定的侵犯公民个人信息罪是在个人数据不断受到侵害的社会大背景下，为了保障个人数据权利而产生的，其中历经两次刑法修正案增设相关构成要素而始成。

（1）2009 年 2 月 28 日，第十一届全国人民代表大会常务委员会第七次会议通过的《中华人民共和国刑法修正案（七）》（简称《刑法修正案（七）》）第 7 条规定，在原刑法第 253 条后增加一条，作为第 253 条之一，所增加内容共分为 3 款，第 1 款规定："国家机关或者金融、电信、交通、教育、医疗等单位的工作人员，违反国家规定，将本单位在履行职责或者提供服务过程中获得的公民个人信息，出售或者非法提供给他人，情节严重的，处三年以下有期徒刑或者拘役，并处或者单处罚金。"第 2 款在第 1 款规定的基础上，增加了对行为方式的规定："窃取或者以其他方法非法获取上述信息，情节严重的，依照前款的规定处罚。"第 3 款是对犯罪主体的规定，认为单位也能够成为该罪的主体："单位犯前两款罪的，对单位判处罚金，并对其直接负责的主管人员和其他直接责任人员，依照各该款的规定处罚。"根据该条规定，犯罪主体为特定主体，即国家机关或者金融、电信、交通、教育、医疗等单位及其工作人员；犯罪行为分为 2 种，一是将本单位在履行职责或者提供服务过程中获得的公民个人信息，出售或者非法提供给他人，二是窃取或者以其他方法非法获取上述信息。2009 年 10 月 15 日最高人民法院、最高人民检察院联合公布了《最高人民法院、最高人民检察院关于执行〈中华人民共和国刑法〉确定罪名的补充规定（四）》（法释〔2009〕13号），将该条款确定为2个罪名，即出售、非法提供公民个人信息罪与非法获取公民个人信息罪，这一司法解释将于2009年10月16日起施行。

（2）针对侵害公民个人数据权利犯罪的新情况，2015年8月29日第十二届全国人民代表大会常务委员会第十六次会议通过、2015年11月1日起施行的《中华人民共和国刑法修正案（九）》（简称《刑法修正案（九）》）对《刑法修正案（七）》中关于侵犯公民个人数据的相关规定进行了修正。《刑法修正案（九）》第17条第1款规定："违反国家有关规定，向他人出售或者提供公民个人信息，情节严重的，处三年以下有期徒刑或者拘役，并处或者单处罚金；情节特别严重的，处三年以上七年以下有期徒刑，并处罚金。"第17条第2款规定："违反国家有关规定，将在履行职责或者提供服务过程中获得的公民个人信息，出售或者提供给他人的，依照前款的规定从重处罚。"第17条第3款规定："窃取或者以其他方法非法获取公民个人信息的，依照第一款的规定处罚。"第17条第4款规定："单位犯前三款罪的，对单位判处罚金，并对其直接负责的主管人员和其他直接责任人员，依照各该款的规定处罚。"《刑法修正案（九）》通过第17条第1款扩大了《刑法修正案（七）》中关于犯罪主体的规定，将原来法条中国家机关或者金融、电信、交通、教育、医疗等单位及其工作人员等特定主体扩大到一般主体，并于第17条第2款中对将履行职责或者提供服务过程中获得的个人数据予以出售或者非法提供给他人者规定了从重处罚的加重罚则。2015年10月30日最高人民法院、最高人民检察院联合公布了《最高人民法院、最高人民检察院关于执行〈中华人民共和国刑法〉确定罪名的补充规定（六）》（法释〔2015〕20号），废除了《刑法修正案（七）》确定的2个罪名，将第253条之一确定为侵犯公民个人信息罪。

《刑法》第252条规定的侵犯通信自由罪和《刑法》第253条规定的私自开拆、隐匿、毁弃邮件、电报罪源于1979年《刑法》第149条中关于"隐匿、毁弃或者非法开拆他人信件，侵犯公民通信自由权利，情节严重的，处一年以下有期徒刑或者拘役"的规定，旨在保护公民的通信自由和通信秘密，以刑事法律规范的形式禁止邮政工作人员私自开拆、隐匿、毁弃他人的邮件、电报或者其他人以任何方式侵犯公民个人的通信自由。应当说，《刑法》第252条和第253条的规定是前大数据时代对公民个人数据保护的直接规定。但是，随着数据技术的迅猛发展，传统的通信方式日渐式微，尤其是自电话、网络数据化以来，信件的使用已大幅下降，电报也逐渐被传真、互联网以及手机短信所取代，在民用领域基本处于停滞状态。以邮件和电报作为规制对象的侵犯通信自由罪和私自开拆、隐匿、毁弃邮件、电报罪的适用范围随之缩小，对个人数据的保护效用也大为降低。❶

2. 间接侵犯个人数据权利类犯罪

此类犯罪主要是指《刑法》第286条之一的拒不履行信息网络安全管理义务罪。根据该条规定，网络服务提供者虽然没有直接侵犯个人数据，但如果拒不履行法律、行政法规规定的信息网络安全管理义务，经监管部门责令采取改正措施而拒不改正，致使违法信息大量传播、用户信息泄露造成严重后果，或者具有其

---

❶ 需要说明的是，随着电子商务的发展，邮件的业务量虽然规模较大且呈递增趋势，但以包裹类为主，因而所涉罪名多为职务侵占罪或者盗窃罪，侵犯通信自由罪和私自开拆、隐匿、毁弃邮件、电报罪仅适用于邮件中占比较小的信件、文件等。

第三章　我国数据权利刑法保护的现状及存在问题 | 067

他严重情节的，处3年以下有期徒刑、拘役或者管制，并处或者单处罚金。

根据2019年11月1日起实施的《最高人民法院、最高人民检察院关于办理非法利用信息网络、帮助信息网络犯罪活动等刑事案件适用法律若干问题的解释》的规定，作为本罪主体的"网络服务提供者"是指提供下列服务的单位和个人：①网络技术服务提供者，即网络接入、域名注册解析等信息网络接入、计算、存储、传输服务提供者；②网络内容服务提供者，即信息发布、搜索引擎、即时通信、网络支付、网络预约、网络购物、网络游戏、网络直播、网站建设、安全防护、广告推广、应用商店等信息网络应用服务提供者；③网络公共服务提供者，即电子政务、通信、能源、交通、水利、金融、教育、医疗等公共服务提供者。该司法解释限定了网络服务提供者的主体范围，为厘清其可能面临的刑事责任提供了法理依据。

由于本罪的成立不再局限于传统意义上对实害结果有直接作用力的实行行为，而是扩展到与实害结果的发生距离更远、作用力更弱的帮助行为，因而可以认为，出于对网络安全的考虑，本罪的设立是因果关系关联性要求降低的一种表现，是一种以风险防控早期化为出发点的帮助行为正犯化的立法技术的具体运用。❶拒不履行信息网络安全管理义务罪使我国一直以来坚持的"代理式监管思路"得以重申，即对于海量数据传输中可能出现的问题，互联网服务提供者需要承担审查责任，如果发现其业务平台存在违法数据，就要采取措施及时予以阻断，保存记录以留存证据，在必要的情况下根据规定向主管部门进行汇报等。就此而言，该

---

❶ 参见叶良芳：《风险社会视阈下拒不履行信息网络安全管理义务罪之法教义学分析》，载《贵州省党校学报》2019年第6期。

罪的设立使得网络服务提供者承担了更多协助实施信息网络安全监管的义务。一方面，该罪的设立使得网络服务提供者必须承担起数据监管的责任，提早阻却可能侵害个人数据权利的行为，避免更严重结果的发生。另一方面，法律要求网络服务提供者发现侵害个人数据权利的违法行为后及时固定证据，有利于司法机关对不法者追究责任，防止因电子证据的隐蔽性、无形性、易破坏性而可能导致的举证不力情况的发生，从刑法视角为打击侵害个人数据权利的违法行为提供证据支持。

3. 基于国家数据立场形成的对个人数据的宏观层面的保护

在互联网出现之前，个人数据，尤其是自然性质的个人数据具有天然的私权属性，但因社会需要而产生的个人数据则带有一定的社会公共属性。进入大数据时代以来，个人数据以前所未有的速度被全息化、规模化生产，个人数据在国家安全与社会发展等公共领域的作用日益凸显，自然性个人数据也因此具有了普遍的公共属性。

个人数据事关国家安全，主要表现在以下3个方面：①涉密人员的个人敏感数据具有天然的国家安全性特征，是国家数据安全的重点保护对象，因为保护此类个人数据，就是保护国家安全。②国家动荡、国家间出现战争冲突等情况下，涉密人员的一般个人数据也是国家安全的一部分，此类数据的泄露可能导致国家安全受到威胁甚至损害。❶③随着数据资源战略化的进一步提升，非涉密人员的个人数据与国家安全的相关性也越来越高，如对个人

---

❶ 如2018年初，根据全球健身设备定位追踪公司斯特拉瓦（Strava）制作发布了"全球运动热力地图"，美国、俄罗斯等国设在叙利亚、阿富汗等地的秘密军事基地等涉密信息被披露，原因就在于这款APP精确地记录了驻扎当地军事人员的跑步轨迹，并由此成为分析相关军事活动的基本数据。

基因数据的大规模采集可能影响国家的生物安全；通过对政治事件中网络用户评论区域的规模数据进行分析，可以更有倾向性地投放诱导性新闻以引导事件的政治走向等。

正是基于个人数据与国家安全的密切相关，甚至就一定程度而言，在国家主权的意义上，个人数据就是国家数据的一部分，因而《刑法》中关于国家数据安全保护的规定，也适用于个人数据，从而形成基于国家安全宏观层面的个人数据权利保护体系。相关条款主要包括：《刑法》第111条为境外窃取、刺探、收买、非法提供国家秘密、情报罪，《刑法》第282条非法获取国家秘密罪、非法持有国家绝密、机密文件、资料罪，《刑法》第398条故意或者过失泄露国家秘密罪，《刑法》第308条之一泄露不应公开的案件信息罪，披露、报道不应公开的案件信息罪，❶以及《中华人民共和国刑法修正案（十一）》增设的第219条之一为境外窃取、刺探、收买、非法提供商业秘密罪。❷

---

❶ 参见唐稷尧：《大数据时代中国刑法对企业数据权的保护与规制论纲》，载《山东警察学院学报》2019年第3期。

❷ 商业秘密除了关系到企业间的竞争力，也与国家经济安全密切相关。2021年，国家网信办对"滴滴出行""运满满""货车帮""BOSS直聘"实施网络安全审查的公告，使得数据安全再次成为热点。作为国内最大的打车平台、全球出类拔萃的整车运力调度平台和智慧物流信息平台、国内最大的公路物流互联网信息平台、月活跃用户数达3060万，服务630万家认证企业的国内最大招聘平台，上述受审查企业的共同点在于，其都掌握着大量用户隐私数据，并且业务与关键信息基础设施有关。国家网信办对上述企业的审查充分说明，个人数据也是商业秘密的重要内容，而商业秘密则事关国家数据安全，因而基于国家安全层面对商业秘密的保护，也是对个人数据权利及数据安全的保护。另外，需要明确的是，在涉国家安全的个人数据保护的场合，该罪名的适用需要具备2个条件：一是作为行为客体的商业秘密本身是采取了保密措施的个人数据，而非技术数据或者其他经营数据等；二是为境外窃取、刺探、收买、非法提供该商业秘密不仅损害相关企业的经济利益，更严重危及国家安全。

三、附属刑法中关于数据权利保护的规定

附属刑法是非刑事法律、法规中关于刑法规范的规定，是一种独立于《刑法》的刑事立法模式。由于附属刑法具有较强的体系性、专业性与适应性，因而为世界各国刑法立法所采用。除法律有特别规定外，附属刑法适用《刑法》总则规定的一般原则，所规定内容与《刑法》相关规范具有同等的法律效力。我国附属刑法中关于个人数据权利的保护条款相对较少，主要体现在以下法律法规中：

（1）《网络安全法》第74条第2款规定："违反本法规定……构成犯罪的，依法追究刑事责任。"该条款首次以附属刑法的方式明确了网络运营者、网络安全监督管理部门、其他组织及个人侵犯公民个人数据的刑事责任。

（2）《数据安全法》第45条第2款规定："违反国家核心数据管理制度，危害国家主权、安全和发展利益的……构成犯罪的，依法追究刑事责任。"该法第52条第2款规定："违反本法规定，构成违反治安管理行为的，依法给予治安管理处罚；构成犯罪的，依法追究刑事责任。"

（3）《个人信息保护法》第68条第2款规定："履行个人信息保护职责的部门的工作人员玩忽职守、滥用职权、徇私舞弊，尚不构成犯罪的，依法给予处分。"该条款虽未直接对构成犯罪的情况予以明确规定，但其中"尚不构成犯罪的，依法给予处分"的规定表明，对于履行个人信息保护职责的部门的工作人员玩忽职守、滥用职权、徇私舞弊构成犯罪的，则须按照附属刑法的相关规定予以处罚。另外，《个人信息保护法》第71条也规定了对严重侵害个人数据权利者的刑事罚责，即："违反本法规定，构成违

反治安管理行为的，依法给予治安管理处罚；构成犯罪的，依法追究刑事责任。"

（4）《消费者权益保护法》第 57 条规定："经营者违反本法规定提供商品或者服务，侵害消费者合法权益，构成犯罪的，依法追究刑事责任。"该法第 60 条前段规定："以暴力、威胁等方法阻碍有关行政部门工作人员依法执行职务的，依法追究刑事责任。"该法第 61 条规定："国家机关工作人员玩忽职守或者包庇经营者侵害消费者合法权益的行为的，由其所在单位或者上级机关给予行政处分；情节严重，构成犯罪的，依法追究刑事责任。"

第二节 数据权利保护刑事立法存在问题及其检讨

基于附属刑法规范及《刑法》相关规定而形成的个人数据权利保护体系，同时实现了对网络经营者等数据占有者的行为限制及对其他单位、个人侵犯数据权利行为的刑事规制，从立法上形成了对个人数据的多角度保护。但是，笔者认为，现行立法仍存在结构性缺陷，而导致这些缺陷的主要原因是缺少基于整体社会保护视角的立法意识与立法实践。

一、忽视特殊个人数据保护，刑法供给存在结构性缺失

现行《刑法》第 253 条之一规定的侵犯公民个人信息罪是刑法保护个人数据权利的基础性立法，对于非法获取、提供公民个人数据的行为明确宣示了立法的不容忍。然而，立法者对于个人数据所采用的一般性与概括性规定，明显都忽视了数据本身作为一个类型化概念所可能具有的例外性特征，如相对于普通个人数

据而言,敏感性个人数据、涉及国家安全的个人数据等更值得《刑法》保护,但却未引起《刑法》关注,因而也未对之作出例外性规定,这在一定程度上造成了《刑法》保护的结构性缺失。

1. 敏感性数据

根据《个人信息保护法》第 28 条的规定,敏感性数据是指一旦泄露或者非法使用,容易导致自然人的人格尊严受到侵害或者人身、财产安全受到危害的个人数据,包括生物识别、宗教信仰、特定身份、医疗健康、金融账户、行踪轨迹等数据,以及不满 14 周岁未成年人的个人数据。

以生物识别数据为例,欧盟的 GDPR 将个人生物识别数据定义为"通过对自然人的物理、生物或行为特征进行特定技术处理而得到的个人数据。这类数据生成该自然人的唯一标识,如人脸图像或者指纹数据。"美国联邦正在提案的《消费者在线隐私权法》(Consumer Online Privacy Rights Act)也对个人物生识别数据作出类似规定。因其对于个人而言的永久性和独特性,个人生物识别数据应当属于非常敏感的个人数据,❶一旦被非法处理,可能对该主体造成不可逆的损害。对个人生物识别数据的非法处理主要表现在对其的滥用。例如,当前利用生物识别数据进行身份识别、保密、防伪等已成为日常需求,其应用范围正以前所未有的速度扩大。然而,随着 AI 技术、深度伪造技术的不断发展,指纹、虹膜、面部特征等个人生物识别数据被不法分子临摹复制后,足以达到以假乱真的程度。可以假设,在个人的生命财产安全与个人的生物识别数据紧密相连的物联社会中,如果这些生物识别数据因滥用而被不法分子盗用,其可能造成的危害将是灾难性的。

---

❶ See Lindsey B., Ban Facial Recognition Technologies for Children—And for Everyone Else. Boston University Journal of Science and Technology Law, 2020, 26 (2).

也正是意识到这一点,早在2008年美国伊利诺伊州就颁布了《伊利诺伊州生物识别信息隐私法》,不仅成为美国境内首部保护个人生物识别数据的专门法,而且其关于"生物识别信息在生物学上为个体所独有,受到危害时个人将面临极高的身份盗用风险且难以进行追索"的警示也在一定程度上推动其他国家为个人生物识别数据提供较之于其他个人数据甚至其他个人敏感数据更严格的保护。由此可见,对个人生物识别数据进行特殊保护,具有迫切的现实需要。❶

2. 涉及国家秘密的个人数据

研究表明,无论是相关附属刑法规范还是《刑法》本身,都未以列举式规定或者概括式规定对国家数据的范围作出规定,当然也就未对可能危及国家安全的、应当作为国家数据予以保护的个人数据作出关于数据类型、数据特征或者数据规模等方面的规定。这导致了对作为"国家秘密"的、须予刑事法律保护的个人数据的特殊保护有所缺失。

(1) 数据企业,尤其是垄断性的大数据企业,可以通过大数据挖掘,建立起国家机关及关键企业、事业单位、人民团体中要害人员的个人档案,由此建立起包括其社会关系、活动轨迹、性格禀赋、兴趣爱好、隐私绯闻、生理周期、心理缺陷等在内的详尽的档案体系,❷用以分析、预测相关人员的行为偏好、弱点以及可能的欲求。在这样的一份档案中,与所涉人员存在社会关系的主体的上述数据也都会根据需要被挖掘,从而建立起以案主为中

---

❶ 参见张建文、赵梓羽:《个人生物识别信息保护的立法模式与制度构建》,载《重庆邮电大学学报(社会科学版)》2021年第5期。

❷ 参见佚名:《戴旭谈阿里:大数据涉及中国国家安全》,https://mp.weixin.qq.com,2021-11-07。

心的、四通八达的数据网,为需要者提供满足其目标需求的各种可能路径。不难想象,无论平时还是战时,这种通过数据挖掘与分析所建立的、涉及关键人物的数据档案都会对国家安全产生极为严重的影响,严重损害国家的政治利益、经济利益、军事利益等,危及国家安全与稳定。

(2)在大数据已全面介入国民经济生活的当下,医疗和文化领域成为未来数据发展的、有益国计民生的重要领域。然而,不可否认的是,这种带有福利性质的数据未来发展方向,也可能引发国家生物安全、文化安全等方面的危机。对于数据医疗而言,其推行及发展是一个以个人的健康数据为支撑、又不断获取个人健康数据的过程,包括生理健康及心理健康在内的各种数据会形成一个开放式的数据网络体系,中国国民的基因信息可能会因泄露而引发生物安全危机。2018年的华大基因事件,将这一问题曝光在大众视野中,引发全民热议。为此,中国国防报曾发表文章《基因战争,笼罩人类的新阴影》,文中称足够数量的人类遗传基因样本能让一些国家研制出专门的"基因武器""人种基因武器",这或许会成为笼罩在世人头上的新的阴影,不得不防。就文化领域而言,数据企业能够为用户提供多元化的文化服务,传播文化理念、分享文化讯息、引导文化潮流。与此同时,发达的网络平台也能够为个人提供传统媒体时代欠缺的自媒体平台,个人得以充分行使言论自由,发表时政观点。然而,如果这些个人数据被有组织、有预谋地收集起来,那么大到国家的政策走向、小到个人的政治倾向等,都会被准确地分析并预测,从而对国家安全、国防安全等造成巨大威胁。

(3)规模化个人数据。规模化个人数据不仅指个人数据的规模达到了一定程度,而且也指组成数据之间具有一定的结构关联性。也即，规模化个人数据不是数据的简单堆砌，也不是海量数据的无序集合，只有具有一定的政治价值、经济价值或者社会价值的大规模个人数据的集合，才能形成具有法律保护意义的规模化个人数据。例如，关于一个人从出生时起一日三餐的饮食构成的记录数据，对其个人而言或许只是一种成长记录与回忆，对于他人及社会而言不具有任何意义。但如果将该数据主体的成长环境，如成长地，加入该数据集，则可据此分析出该地若干年来居民饮食结构及生活水平的变化，甚至可以据此分析出该地的居民收入水平、经济发展状况乃至过去若干年以来的经济政策走向。

对于规模化个人数据而言，其构成至少需要具备以下 3 个要素：一是组成该数据集合的单个个人数据不一定具有典型的数据价值，只有形成数据集，成为规模数据，该集合中的各单个数据才具有了以分析目的为导向的数据价值。二是数据的规模性，即形成该数据集合的数据量必须达到一定的程度，能够满足数据挖掘分析的最低要求；三是数据的关联性，相关数据可以是同一种类，也可以是不同种类，可以是同一数据主体的个人数据，也可以是不同数据主体的个人数据，但该数据集合之间必须具有一定的关联性，能够为数据分析者提供相应的数据信息并带来相应的数据收益。

规模化个人数据刑法保护的重要意义在于，虽然组成规模化个人数据的单个数据并不一定具有重要的挖掘价值，甚至可能不具有任何价值，如一个普通百姓的面部特征、出行记录、生活习惯等，但是对于对该数据主体具有某种意图者而言，如意欲对该数据主体实施抢劫、杀害、伤害等犯罪者，诸如上述的数据集合就可能形成一个针对某种目标而言的规模性数据集，并因而具有了特定的功能价值。而如果是针对某类群体的特定数据收集，即使所收集的单个数据本身不具有特定价值,但数据的综合性价值可能会形成针对该类群体的利益损害、安全威胁,甚至影响到社会的整体稳定及至国家安全,如针对特定人群的血液数据的采集与分析等。

综上所述,对敏感性个人数据、涉及国家秘密的个人数据以及规模性个人数据进行刑法层面的保护,较之于一般性个人数据而言,具有更为合理的法理依据与更为迫切的现实需要。现行刑事法律规范缺乏关于这些特殊个人数据的规定,不仅导致国家权力机关在基于国家安全或者社会治理需要等而使用包括关键数据、敏感数据在内的个人数据时,面临如何保障公民数据权利不被国家数据权力侵犯、如何维护刑法保护机能与保障机能之间的平衡等抉择困难,而且导致司法机关在对数据性质、种类、重要程度进行认定并据以进行定罪量刑时,面临无法可依的局面。这些规范的缺失使得《刑法》第 111、第 219 条之一、第 282、第 398 条及第 308 条之一等规定形同虚设。

二、关注个人数据的境内保护,数据跨境流动中的个人权利保护仍显不足

随着互联网经济的迅速发展,"数字经济"(digital economy)已成为国际经济贸易的重要组成部分,基于"数据经济"而发展起来的电子商务逐渐成为国际贸易的重要形式。在讲求规则的现代国际贸易情境下,关于电子商务的国际贸易规则及附随的数据安全等相关问题已成为受各国关注且致力于达成共识的重要议题。为此,世界贸易组织(International Trade Organization,WTO)曾就电子商务问题进行了多轮艰苦谈判,但成果有限。而在区域层面,对电子商务的国际立法和国内立法则进展迅速,特别是在美

国和欧盟主导下缔结的多数自由贸易协定（Free Trade Agreement，简称 FTA），都对电子商务问题作了一些规定。

据统计，我国已签订了将近 20 个 FTA，而欧盟和美国则分别是 37 个和 20 个。在我国所签订的这些 FTA 中，只有与韩国、澳大利亚、新加坡签订的 FTA 中含有关于电子商务问题的专门章节，[1] 这与美国与欧盟在大多数 FTA 中设专章规定电子商务的做法形成鲜明对比。电子商务事关包括个人数据在内的各种数据的跨境流动，虽然美国在相关立法中更多地采用贸易主导型下和数据跨境流动政策，而欧盟则更加关注个人数据的保护，但应当注意的是，美国的相关立场以其较之于其他国家与地区而言明显处于优势地位的数据技术为基础，因此美国并非不关注数据跨境流动中本国公民个人的数据安全以及由此而可能引发的国家安全问题，相反，基于利益优先的美国政策是在充分考虑了国内数据安全的基础上，基于技术自信谋定而启动的结果。无论是美国主导的《跨太平洋伙伴关系协定》（Trans-Pacific Partnership Agreement，简称 TPP）、《澄清域外合法使用数据法》（the Clarifying Lawful Overseas Use of Data Act，简称 CLOUD 法案），还是欧洲的《美国—欧盟安全港协议》（US-EU Safe Harbor Scheme）、《欧盟—美国隐私盾协议》（EU-US Privacy Shield）以及 GDPR，都将个人数据保护作为处理国际政治与经济关系的重要内容。

在互联网技术的加持下，大数据时代的个人数据几乎能够实现零成本跨境流动，对于任何主权国家而言，如何实现国家主权治下的个人数据安全及与此相关的国家数据安全，都成为事关国

---

[1] 参见马光：《数据跨境流动国际规则的发展与我国的应对》，载《国际法学刊》2020 年第 2 期。

家主权安全的重要议题。

我国国家互联网信息办公室以部门规章形式颁布的、于2022年9月1日起施行的《数据出境安全评估办法》第5条第2、第4项规定:"数据处理者在申报数据出境安全评估前,应当开展数据出境风险自评估,重点评估以下事项:……(二)出境数据的规模、范围、种类、敏感程度,数据出境可能对国家安全、公共利益、个人或者组织合法权益带来的风险……(四)数据出境中和出境后遭到篡改、破坏、泄露、丢失、转移或者被非法获取、非法利用等的风险,个人信息权益维护的渠道是否通畅……"。此处明确规定了数据出境中对保护个人数据权利而需要重点评估的内容。该办法第8条在关于数据出境安全评估重点评估数据出境活动可能对国家安全、公共利益、个人或者组织合法权益带来的风险事项中,也于其第4项明确提到"数据安全和个人信息权益是否能够得到充分有效保障",体现了对个人数据权利的重视。

另外,我国《数据安全法》第11条也规定,国家积极开展数据安全治理、数据开发利用等领域的国际交流与合作,参与数据安全相关国际规则和标准的制定,促进数据跨境安全、自由流动,对包括个人数据在内的数据跨境安全流动作出一般性规定。《个人信息保护法》则以专章的形式,对个人数据跨境流动进行规定,其第3章"个人信息跨境提供的规则"中规定了个人数据处理者因业务等需要、确需向境外提供个人数据时应当具备的条件;对数据主体接受方相关情况的告知义务及征得数据主体单独同意的义务;关键信息基础设施运营者和处理个人信息达到国家网信部门规定数量的个人信息处理者向境外提供个人数据时对数据的安全评估义务;个人信息处理者非经批准不得向外国司法或者执法机构提供存储于境内的个人数据的义务;对网信部门列入限制或者禁止个人数据提供清单者及对我国采取歧视性政策者应同等对待措施等义务。

大数据时代下的数据资源已成为重要的战略资源，这是数据经济时代的全球共识。我国必须考量国际背景，为跨境数据流动中的个人数据提供系统、有效的法律体系保护。在《数据安全法》《个人信息保护法》等前置性法律中已经对跨境流动中的个人数据作出了明确规定的情况下，《刑法》作为守护法律体系安全的最后屏障，应为个人数据跨境流动提供相应保护。这不仅是对时代需求的现实回应，更是维护包括国家经济安全、政治安全在内的国家总体安全的迫切要求。但就目前的立法现状而言，《刑法》显然缺少应对大数据时代数据跨境流动安全的规范。除了第253条之一规定的侵犯公民个人信息罪外，《刑法》尚未设置专门针对数据保护的条款，何谈针对数据的跨境保护？如此，一是不利于实现与前置法的有机衔接，不利于法秩序的统一及发挥刑法作为事后法的及时保障作用；二是未能有效回应社会需求，抑制了刑法立法的张力，不利于刑法的动态性发展及刑事司法社会效果的实现；三是在全球数据跨境流动已成趋势的情势下，相关刑法立法缺失可能会损害我国刑事管辖权的行使，进而影响到国家的主权利益。

三、重视对个人数据的静态权利保护，未兼顾数据价值的动态转化

现行立法对于个人数据的保护采用了传统的行为时模式，这在本质上属于一种断面式的静态保护，其特征体现在两个方面：一是对数据性质的认定以行为时的数据样态为依据；二是对行为性质的认定也以行为时为标准。这种立法模式的优点在于较好地坚持了刑法的可预见性原则，为行为者提供了明确的行为参考，能够充分发挥立法的行为规范功能。但不可否认的是，现代数据

技术条件下，数据性质的判定不再取决于单一的既定性标准，数据的数量规模、使用的场合、数据主体的身份转变等都能够成为影响数据性质变化的重要因素。另外，数据使用主体的不同、使用主体角色的转变、使用数据场合的变化甚至使用数据的组合选择等也都可能会改变使用行为的性质，进而成为影响是否构成犯罪的关键因素。

不仅如此，在刑事诉讼过程中，一起案件往往涉及身份信息、地址信息、财产信息、通信信息、行踪轨迹等多种公民数据。随着诉讼程序的不断推进与深入，各种线索通过交叉碰撞，可能指向其他数据，从而形成完整的数据链。在这一过程中，完全可能出现非个人数据通过汇集、整合等方式而转化为个人数据甚至个人隐私数据的情况，❶ 使相关数据实现由低权益位阶数据向高权益位阶数据的转化。当然，根据具体情况的不同，也存在相关数据由高权益位阶数据向低权益位阶数据转化的可能。

低权益位阶数据转化成为高权益位阶数据多出现在规模性数据的场合。除了特定的敏感数据、关键数据之外，一般情况下，单个数据或者少量数据的价值有限，无法为数据收集者提供足以进行决策的完整的信息链，因而数据权益较小、位阶较低。但在规模数据的场合下，借助于云计算、人工智能等新兴技术，海量数据不再局限于数据本身的个体价值。依赖于大量的数据分析，无论是政府公共管理还是企业商业决策，都可以在数据管理、数据可视化等方面进行细分、统合、推广与综合应用，形成完整的数据处理的生命线流程，可用于监管行为客体、支持管理决策，使得数据的规模价值得到充分发挥，使相关数据实现个体低权益

---

❶ 裴炜：《刑事诉讼中的个人信息保护探讨——基于公民信息保护整体框架》，载《人民检察》2021 年第 14 期。

位阶数据向规模高权益位阶数据的转化。而对规模数据的挖掘、分析，同样也可以形成对数据主体、数据企业、社会管理、国家安全的威胁。就此层面而言，保护规模数据，是刑法回应动态数据价值转化的现实需要。

数据价值的转化也与其所处场合密切相关。例如，数据主体的用语习惯、走路姿态、行为方式、社会交往等个人数据，在多数场合下不具有太多信息价值。但在刑事侦查中，这些低权益位阶数据本身甚至可以成为突破案件关键环节的高权益位阶数据信息。对一个人生活习惯、行为方式、社会交往等数据的收集与分析，同样能够为意欲针对该数据主体实施杀害、伤害、抢劫、绑架等行为者提供关键信息。在激烈的商业竞争中，对上述数据的大量细致的分析，也能够为竞争对手预测数据主体的可能决策提供参考性指南。

《个人信息保护法》所规定的面部特征、血型、宗教信仰、医疗健康状况、金融账户、行踪轨迹等具有较高权益位阶的法定敏感个人数据，在司法实务中也完全可能成为本身并不具有较高价值的数据。以生物识别信息为例，非法采集他人的生物识别数据是被法体系严厉禁止的行为。对个人生物识别数据的规模化非法采集行为不仅侵犯个人权益，而且可能危及国家安全，但如果非法采集对象仅限于特定的个人，如为了亲子鉴定而违背他人意愿非法采集他人生物样本，虽然可能会损害他人的合法权益，但因其社会危害程度较低而不具有刑法评价的价值。然而，如果采集对象具有特定身份，如国家涉密人员或者其他可能影响到特定领域安全的人员，对其生物样本的非法采集就在一定程度上具有了刑事可罚性。另外，对特定个人生物样本的采集如果威胁到数据主体本身的人身、财产安全或者与其关系密切者的人身、财产安全的，这种非法采集行为也可能因其社会危害性而受到刑罚处罚。

宗教信仰、医疗健康状况等敏感数据也都存在着转化为具有较低权益位阶数据信息的可能,如基于调查研究目的而未经数据主体本人同意,私下非法搜集关于某一群体的宗教信仰状况;基于婚嫁目的而私下收集他人的身体健康数据及具体的医疗数据、甚至可能涉及他人高度隐私的生理数据等。这些未经他人同意的数据收集行为因违反了法定数据采集程序而具有一定的非法性,所采集的数据就其隐私程度而言虽然也都属于法定的高权益位阶数据,但基于目的合理的刑事政策导向及社会整体的秩序性考虑,无论是《刑法》还是其他前置性法律,显然都不宜对之作否定性评价。

"数据不应该以它的存储而定义,应该由它的流转来定义",[1] 关于公民个人数据是否属于高权益位阶数据而应受到法律的保护,现行立法只作了一般的常识性规定。基于数据使用场合的转换及数据主体身份的变化,这种静态的抽象性立法大多只是宣示了立法者对于个人数据保护的权威性立场与观点,对于处于动态变化中的数据而言,是否值得刑法保护以及应当受到何种程度的保护取决于不同场景下针对各种因素的综合性判断,取决于数据在流转过程中因时、因势而可能发生的场景转换。

四、立法保护模式欠缺有效因应数据权利保护的现实需求

我国《刑法》对个人数据权利的保护,经历了从无到有、逐步完善的过程,以第 253 条之一为例,侵犯公民个人信息罪的设立历经了两次《刑法》修正而成,即 2009 年《刑法修正案(七)》

---

[1] 转引自程啸:《论大数据时代的个人数据权利》,载《中国社会科学》2018 年第 3 期。

以第 253 条之一的方式,将国家机关或者金融、电信、交通、教育、医疗等单位的工作人员违反国家规定,将本单位在履行职责或者提供服务过程中获得的公民个人信息,出售或者非法提供给他人的行为增设为犯罪,首开个人数据权利保护刑法立法之先河,而后 2015 年《刑法修正案(九)》将原法条中的特殊主体扩大到一般主体,并于第 17 条第 2 款中对将履行职责或者提供服务过程中获得个人数据予以出售或者非法提供给他人者规定了从重处罚的加重罚则,从罪状与法定刑两方面对原罪刑进行了完善。这是刑事立法为因应不断变化的犯罪形势而做出的努力,应当予以肯定。但不可否认的是,随着互联网技术的不断发展,数据的资源能力逐渐强化,侵犯个人数据权利的行为模式也日趋复杂,而我国《刑法》在对数据进行保护的过程中,其保护模式并未表现出对有效保护数据权利的较强适应性。

一是现行《刑法》的相关规定虽然表现出强势的个人数据保护倾向,但其保护模式并未充分考虑社会数据化过程中数据利益的平衡问题,导致个人数据权利面临事实上的保护不足。在一个"商业监视"的时代,我们因网络搜索、通信、数字定位、购物和社交媒体活动而暴露的个人信息远超出我们希望分享的程度,这赋予科技公司难以置信的权力。❶ 互联网企业作为数据的直接控制者,正分享着原本属于政府的部分社会治理权力,通过网络实现对社会的直接或间接影响。对于商业企业而言,个人数据的收集与使用也是其发掘资源、拓展业务的重要途径。作为个人数据权利的客体,个人数据需要被保护,但作为社会资源的重要组成部分,个人数据也有被收集、利用的需要,在大数据时代这一背景

---

❶ 转引自劳东燕:《个人数据的刑法保护模式》,载《比较法研究》2020 年第 5 期。

下,这种收集与使用的趋势不仅不可逆转,而且会呈不断扩大之势。另外,个人数据保护也面临如何与为了国家安全控制个人数据相平衡的问题:国家安全意味着国家需要掌握和控制个人数据,而这与作为数据主体的个人的数据权利相冲突。因此,在产业发展、公共福祉、国家安全等都依赖于数据合理使用的背景下,笔者认为,现行立法所表现出的漠视数据利益平衡的、单纯强调个人数据权利保护的立法模式值得商榷。

二是在规制的重心上,我国《刑法》主要关注的是非法获取、提供数据的行为,但对数据流动中真正存在危害性的数据的非法滥用行为则未予以关注。在互联网时代,获取数据的目的并不在于拥有数据,而是在对数据进行挖掘、分析后实施的数据利用行为。"政府针对海量数据市场的监管不应该是限制信息收集,而应该是限制来自一方的信息如何被对方使用,换句话说,政府监管应该关注数据使用限度,而不是数据收集",❶ 我国《数据安全法》也在第3条第2、第3款规定:"数据处理,包括数据的收集、存储、使用、加工、传输、提供、公开等。数据安全,是指通过采取必要措施,确保数据处于有效保护和合法利用的状态,以及具备保障持续安全状态的能力。"这不仅将数据使用作为数据处理中重要环节予以规定,而且明确了数据安全包括使数据处于合法利用的状态。换言之,作为数据安全组成部分的个人数据安全也理应包括对个人数据的合法利用,任何非法滥用个人数据的行为都违反了《数据安全法》的主旨精神与规定。

然而,反观我国《刑法》对个人数据保护的规定,《刑法》第253条之一关于侵犯公民个人信息罪的规定中,对罪状中行为要素

---

❶ [英]维克托·迈尔-舍格伯格、[德]托马斯·拉姆什:《数据资本时代》,李晓霞、周涛译,中信出版集团2018年版,第172页。

的描述仅仅限定为"向他人出售或者提供""窃取或者以其他方法非法获取"，2017 年最高人民法院、最高人民检察院联合发布的《最高人民法院、最高人民检察院关于办理侵犯公民个人信息刑事案件适用法律若干问题的解释》（法释〔2017〕10 号）中，关于"情节严重"的规定，也仅在第 5 条第 1、第 2 款中对于个人数据被出售或者非法提供给他人后的滥用行为作了规定："出售或者提供行踪轨迹信息，被他人用于犯罪的""知道或者应当知道他人利用公民个人信息实施犯罪，向其出售或者非法提供的"，除此之外的其他构罪规定，则都限于对个人数据数量的规定。《刑法》中缺乏关于滥用个人数据行为的规定映射的是立法者缺失数据全流程保护的观念，表现出《刑法》中个人数据权利保护模式的局部性、片面性与非深入性。

除此之外，当前《刑法》也在秉持"事后法"原则的基础上，存在直接忽略客观问题的倾向。例如，关于匿名化个人信息，《网络安全法》第 42 条第 1 款规定："网络运营者不得泄露、篡改、毁损其收集的个人信息；未经被收集者同意，不得向他人提供个人信息。但是，经过处理无法识别特定个人且不能复原的除外。"根据该规定，个人数据中的人格属性被剥离后，企业即可享有自由处理与转移数据的权利。然而，已被匿名化处理的个人数据，完全可能通过与其他社交媒体的资料比对，还原为具体到精确目标的数据主体，匿名已经成为一个"破碎的隐私承诺"。[1]《网络安全法》第 42 条只对匿名化后的纯数字化信息进行了规定，但对于这些数据的可能复原，则未做进一步规定。在前置法未予规定的情况下，如何对精准复原后的个人数据进行保护，以及能否

---

[1] See Ohm P., Broken promises of privacy: Responding to surprising failure of anonymization. UCLA Law Review, 2010, 57 (6).

适用侵犯公民个人信息罪等，作为事后法的《刑法》均选择了沉默。

第三节　数据权利刑事司法保护存在的问题及其检讨

随着《个人信息保护法》的颁行，我国已形成了以《个人信息保护法》为专门性立法，以《民法典》《数据安全法》《网络安全法》等为前置辅助性立法，以《刑法》为保障法的个人数据权利保障体系。作为刑事司法的前提与指引，刑事立法为刑事司法的展开提供了规范起点与依据，有力地推进了我国数据权利刑事司法保护工作。2017年3月20日最高人民法院、最高人民检察院发布《最高人民法院、最高人民检察院关于办理侵犯公民个人信息刑事案件适用法律若干问题的解释》，首次就侵犯公民个人数据犯罪出台专门的司法解释，成为《网络安全法》的重要机制配套。《最高人民法院、最高人民检察院关于办理侵犯公民个人信息刑事案件适用法律若干问题的解释》与《网络安全法》之间内在的逻辑互动，深刻体现了最高人民法院、最高人民检察院对于司法实践中个人数据权利保护的高度重视。但不可否认的是，随着网络技术的迅速发展，个人数据的数量正在呈指数式增长，规模数据的巨大经济效益及政治效益日渐凸显，侵犯个人数据权利犯罪的数量也不断增加。然而，针对侵犯数据权利犯罪的刑事司法实践却仍存在诸多问题。

一、法律适用存在争议

随着一系列法律法规的出台，尤其是《最高人民法院、最高人民检察院关于办理侵犯公民个人信息刑事案件适用法律若干问题的解释》等司法解释的出台，司法实践中对于认定侵犯公民个人信息罪中的诸多问题，如"公民个人信息""违反国家有关规定""提供公民个人信息""以其他方法非法获取公民个人信息""情节严重"等，都有了明确的法律依据。然而，对于案件中出现的具体问题，实务认定中仍存在困惑。其中对"被收集者同意"的认定，成为争议焦点。

关于对个人数据的收集与使用，《个人信息保护法》《网络安全法》《民法典》等都明确规定了"知情同意"，将该原则作为数据收集者、使用者收集、使用他人个人数据的前提。除此之外，关于数据收集、使用的用途、范围、变更使用的告知等，上述法律法规也都作了规定。也正因如此，在司法实务中，"同意"原则常被作为侵犯公民个人数据权利的违法阻却事由。然而，关于个人数据被收集、使用的数据权利主体的"同意"究竟应当如何认定，存在争议。

（1）对于数据主体在社交活动中通过网络或其他方式自行公开的个人数据，数据收集者能否收集、使用，或者有偿转让给他人使用？换言之，通过自行公开个人数据这一行为，能否推定数据主体同意他人收集、使用其个人数据？例如，数据收集者将公民基于交友目的在社交媒体上公布的姓名、联系电话、邮箱、QQ号、微信号等，或者为扩展业务公布的个人姓名、职业、工作单位、联系方式、联系地址等提供给第三人，该第三人再将所收集数据出售给他人或者用作其他目的，在数据收集者本身不知道该第三人数据利用意图的情况下，其行为能否认定为《刑法》第253条之一侵犯公民个人信息罪中的"向他人提供公民个人信息"。这长期以来一直是困扰司法实务的难题。

该问题的症结在于,从相互的社会情感的角度来看,既然数据主体将个人数据公之于众,也就潜在接受了这些数据被传播、收集、利用的可能,数据收集者在不具有恶意利用意图的情况下,其收集、提供这些数据的行为就是合法的。但如果基于法理的角度,根据侵犯公民个人信息罪中"违反国家有关规定,向他人出售或者提供公民个人信息"的规定,数据收集者在向他人提供公民个人信息的情况下,若要构成犯罪,其前提必须是"违反国家有关规定"。然而,对于收集他人公开信息是否违法,相关法律、行政法规、部门规章中并没有明确规定,并由此引发法条适用争议。

(2)对于国家行政机关依法依规公开的行政相对人数据,国家机关、企业、事业单位、人民团体等公开的内部人员数据,由数据收集者收集后自行使用或者提供给第三人使用的,是否有违"同意"原则?

根据《中华人民共和国政府信息公开条例》(简称《政府信息公开条例》)第10条第1款的规定,行政机关从公民、法人和其他组织获取的政府信息,由保存该政府信息的行政机关负责公开。该条规定表明,国家行政机关从公民个人处获得个人数据后,这些个人数据就成为政府数据,在合法、必要的情况下,负责保存该数据的行政机关有权公开。此外,根据该条例第19、第20条的规定,对涉及公众利益调整、需要公众广泛知晓或者需要公众参与决策的政府数据,行政机关应主动公开。主动公开的政府数据包括本机关的职能、机关职能、机构设置、办公地址、办公时间、联系方式、负责人姓名,等等。其中的负责人姓名与联系方式,虽然出于职能需要,属于政府数据,但对于该负责人而言,也属于依职务公开的个人数据。对于其他企业、事业单位、人民团体等单位，也普遍存在依职务需要公开内部关联人员个人数据与联系方式的情况，如为了扩展业务、开展工作、对外宣传等，公布主要负责人或者直接责任人等的姓名、联络方式、业务范围、职务特长、肖像等个人数据。

无论是对行政相对人数据的公开，还是对单位内部人员数据的公开，在公开程序合法合规的前提下，个人数据的公开应当被视为已经取得数据主体的"同意"。理由在于，就行政机关对行政相对人数据的公开而言，如对已录用的公务员、通过各种资格考试的参试者、获得从事某种行业资格的人员等名单的公布，行政相对人对自己数据的公开应当是持默认态度的，而对于诸如交通违法、考试作弊等应予行政处罚、构成违法犯罪等人员个人数据的公布，虽然数据主体本身不愿意公开其个人数据，但基于社会公共利益等需要，"同意"原则应退而让位于国家利益与社会利益需求。而单位内部人员数据的公开则必然已经取得该数据主体明示或者默示的"同意"。概言之，无论是基于数据主体的被动接受还是主动选择，收集、使用合法合理公布的个人数据并形成规模数据，自己使用或者提供给他人使用，能否认为已获得数据主体的"同意"。

问题的关键在于，根据《个人信息保护法》等法律法规的规定，个人数据使用必须合法、正当、必要，处理个人数据应当具有明确、合理的目的，并应当与处理目的直接相关，也即个人数据使用必须是经个人同意的"合目的范围内的合理使用"。对于行政机关或者本单位公开的个人数据，在数据收集者不具有恶意的情况下，如将企业负责人的相关个人数据进行海量收集、整理后以有偿或者无偿的方式提供给第三人，将背信个人名单收集、整理后以有偿或者无偿的方式提供给第三人等，对于前者而言，数据收集者的目的虽然可能多元，但并未超出企业公布其负责人数据的目的（如扩展业务、寻求合作、接受监督等）的直接范围；就后者而言，数据收集者的目的也可能表现不一，但也未超出相关部门公布违法违规者的目的（如规范社会秩序）。如果以此为逻辑起点，则数据收集者的行为不构成对个人数据权利的侵犯。但对于数据主体而言，其本人可能并不真正同意将个人数据以数据集或者数据库的形式公开。例如，受违法违规处罚者对于数据收集者收集、整理、使用、转让其个人数据的做法本质上便可能持有抗拒或者否定态度，因而并非经过其"同意"，数据收集者的行为应当被认定为侵犯了其个人的数据权利。究竟如何认定，已成为司法实务中必须解决的现实问题。

二、事实认定存在争议

一般而言，侵犯公民个人信息案件通常具有案情复杂、领域广泛、跨域犯罪等特点，加之在案件发生过程中，网络平台互相之间、用户与用户之间、以及网络平台与用户之间存在着多元交错的关系，因而该类案件的审理过程中存在着事实认定困难、归责困难等问题。

1. 关于公民个人数据的可识别性问题

公民个人数据是与特定个人相联系的、能够据以辨识出特定个人的数据。据此，公民个人数据一般具有识别性特征，《最高人民法院、最高人民检察院关于办理侵犯公民个人信息刑事案件适用法律若干问题的解释》第 3 条第 2 款关于"未经被收集者同意，将合法收集的公民个人信息向他人提供的，属于刑法第二百五十三条之一规定的'提供公民个人信息'，但是经过处理无法识别特定个人且不能复原的除外"的规定就表明了这一立场。欧盟的

GDPR 也规定："数据保护不应适用于匿名信息"，以立法的方式明确了匿名化数据不受 GDPR 的保护。

一般认为，保护个人数据隐私、防止个人数据滥用的重要举措之一在于去识别化，为了隐藏数据主体的身份，数据提供者通常会隐匿数据主体姓名或者对其进行化名处理，这也是数据去识别化的基本操作。然而，随着数据技术的日新月异，可用数据不断增加，间接标识的可识别度也持续提高，直接删除所有的个人或者敏感数据也成为习惯做法。但这种"数据改写"式的匿名化会破坏数据的实用性，为了解决这个问题，"假名化"的数据隐匿方式被广泛应用。数据提供者采用杂凑（hashing）和加密（encryption）的方式，以随机或演算生成的假名来替代可识别数据，区别在于前者是不可逆向破解的，而后者可凭正确金钥来解密。❶在不参考其他数据的情况下，被假名化的数据就无法与某一特定数据主体相联系。但是，如果找出变项之间的关系或者用于生成假名的算法被破解，则数据仍然存在被复原的风险。也正因如此，假名化和去识别化虽然确实能在某些方面保护数据隐私，但根据 GDPR 的定义，它们无法生成真正的匿名数据。那些我们所认为的"匿名数据"往往并不是真正的匿名数据，并非所有的数据净化方法都会生成真正的匿名数据。❷换言之，经过处理的、匿名化的个人数据虽然不具有明显的识别性特征，但部分数据在经过技术关联之后，仍然可能会识别出具体数据主体。

英国伦敦帝国理工学院的伊夫·亚历山大·德·蒙霍伊及同

---

❶ 参见佚名：《数据"去识别"指南：如何在报道中保护隐私信息?》，https://www.thepaper.cn/newsDetail_forward_1014，2021 - 11 - 03。
❷ 参见佚名：《如何划定匿名数据和去识别化数据?》，https://zhuanlan.zhihu.com/p/248225924，2021 - 11 - 01。

事发现，只需要知道少数几个数据，如邮政编码、出生日期、性别和子女数量等，即使数据集不完整，也有较高概率能够重新识别出个体身份，且已知关联数据越多，识别的可能性越大。例如，99.98%的马萨诸塞州人口可以通过15个人口统计学属性识别出来。❶这种能够准确估算通过匿名数据集重新识别个体身份可能性的做法，使得司法实践面临现实客观困境，即哪些数据能够达到公民个人数据所要求的可识别化程度，从而被认定为"公民个人数据"？

根据《个人信息保护法》第4条第1款的规定，个人数据是指"以电子或者其他方式记录的与已识别或者可识别的自然人有关的各种信息，不包括匿名化处理后的信息。"❷《最高人民法院、最高人民检察院关于办理侵犯公民个人信息刑事案件适用法律若干问题的解释》第3条第2款也规定："未经被收集者同意，将合法收集的公民个人信息向他人提供的，属于刑法第二百五十三条之一规定的'提供公民个人信息'，但是经过处理无法识别特定个人且不能复原的除外。"我国《刑法》所保护的个人数据，是指除了经过匿名化后的、无法据此识别数据主体的、不能复原的个人数据之外，其他能够直接或者间接识别数据主体身份的个人数据。然而，随着数据技术的不断进步，各种破解数据隐私的技术与方法也在不断生成、发展，如何匿名化、匿名化到何种程度才能确保数据即使与其他数据关联也无法间接识别出数据主体，不仅是《刑法》认定中的理论问题，更是数据技术问题。对于刑事司法实

---

❶ 参见佚名：《数据匿名难保隐私》，https://www.nsfc.gov.cn/csc/20340/20289/41986/index.html，2021-11-01。

❷ 需要说明的是，根据《个人信息保护法》第4条关于个人数据的规定，"匿名化处理后"的数据应当是经过处理后的、不可用于识别自然人的个人数据。换言之，这种经过处理后的个人数据不具有当时数据技术水平下的可还原性。

务而言，关于此类数据的认定，更多还是需要根据数据的匿名化程度及当时具体的数据技术水平的发展程度，来最终认定已作匿名化处理的各类个人数据是否应受到刑事司法保护。

2. 关于公民个人数据的计量问题

根据《最高人民法院、最高人民检察院关于办理侵犯公民个人信息刑事案件适用法律若干问题的解释》第5条第3、第4、第5、第6项的规定，非法获取、出售或者提供公民个人信息的，如果非法获取、出售或者提供行踪轨迹信息、通信内容、征信信息、财产信息50条以上，非法获取、出售或者提供住宿信息、通信记录、健康生理信息、交易信息等其他可能影响人身、财产安全的公民个人信息500条以上，非法获取、出售或者提供上述信息之外的公民个人数据5000条以上，或者虽然数据未达到上述规定标准，但按照相应比例合计达到有关数量标准的，构成犯罪。不难看出，对于侵犯公民个人数据的犯罪认定，《最高人民法院、最高人民检察院关于办理侵犯公民个人信息刑事案件适用法律若干问题的解释》将依据侵犯个人数据的数量作为认定标准之一。同时，该司法解释第11条针对司法实务中可能出现的计量问题作出规定："非法获取公民个人信息后又出售或者提供的，公民个人信息的条数不重复计算。向不同单位或者个人分别出售、提供同一公民个人信息的，公民个人信息的条数累计计算。对批量公民个人信息的条数，根据查获的数量直接认定，但是有证据证明信息不真实或者重复的除外。"该条款明确了涉案公民个人数据的计量规则，特别是第3款关于批量公民个人数据的数据认定规则，极大地方便了司法实务操作，但就实践的情况而言，仍然存在下述问题。

（1）对于特殊公民个人数据的计量认定。特殊公民个人数据包括涉密人员的个人数据（包括敏感性数据和一般性数据）、非涉密人员的敏感数据，也包括可能影响事件走向的特定个人的数据，如在企业作出重大决策之前，领导层的个人轨迹、通信记录等。这些特殊个人数据一般不应适用《最高人民法院、最高人民检察院关于办理侵犯公民个人信息刑事案件适用法律若干问题的解释》第 11 条的规定，尤其是该条第 3 款的规定，而应当根据数据本身的重要程度、对事件可能的影响、与数据主体本身的关联程度等一系列因素进行综合判定。理由在于：

就一般的公民个人数据而言，无论是《最高人民法院、最高人民检察院关于办理侵犯公民个人信息刑事案件适用法律若干问题的解释》第 5 条明文列举的行踪轨迹信息、通信内容、征信信息、财产信息，还是住宿信息、通信记录、健康生理信息、交易信息，往往具有价格较低、数量相对较大的特点。除此之外的其他个人数据的价格因其价值一般低于上述数据，价格会更低，但数据量更大，数据提供者往往采取规模性数据包的方式进行出售。此种情况下，要求司法工作人员对所涉数据逐一进行认定，不具有可操作性。但是，对于特殊公民个人数据而言，其价格通常则会根据数据的敏感程度、重要程度而相应提高，在交易过程中，提供者也会要求按条计价。由此引发的问题是，如何对特殊数据的价值进行认定，以评估针对此类数据的相关行为是否构成犯罪？换言之，在不宜以数量作为衡量特殊个人数据的情况下，对单个或者多个数据进行价值评估，关系到对数据在当时场合下可能造成的社会危害性程度的判断。根据《刑法》第 253 条之一的规定，只有在"情节严重"的情况下，才能构成犯罪。在尚未有司法解释对特殊个人数据的价值评估作出规定之前，司法机关需要结合具体的场景进行合理性认定，如是否严重危及数据主体正常生活或者给其带来较大的经济损失，是否严重影响某一决策的推行，是否严重影响社会秩序或者公共秩序，是否给国家或者社会造成重大损失，等等。

（2）对于批量数据的认定问题。根据《最高人民法院、最高人民检察院关于办理侵犯公民个人信息刑事案件适用法律若干问题的解释》的规定，由于数据所含信息量的不同及侵犯数据可能导致的社会危害性程度的不同，个人数据可分为三类：①行踪轨迹信息、通信内容、征信信息、财产信息；②住宿信息、通信记录、健康生理信息、交易信息等其他可能影响人身、财产安全的公民个人数据；③其他个人数据。由于各类数据的价值含量不同，《最高人民法院、最高人民检察院关于办理侵犯公民个人信息刑事案件适用法律若干问题的解释》分别以50条、500条、5000条作为认定相关行为是否构成犯罪的标准。但是，上述规定无疑存在机械换算之嫌，即三类数据的价值分别被立法者以1∶10∶100的方式进行价值判定。

事实上，三类数据的价值含量只有相对比较而并无绝对界限，如行踪轨迹数据属于第一类数据而住宿数据属于第二类数据，但住宿数据本身就是数据主体行踪轨迹的一部分，另外，数据价值并无明显的判定标准，必须结合当时的具体情境，特定场合下的第二类数据的价值可能更高于第一类数据，侵犯公民个人第二类数据的社会危害性可能会更大，如相比于通信内容而言，住宿数据在暴露个人隐私方面更具有证明力，一个人的健康生理数据也可能会比其财产数据更具价值。司法实践中如果按照《最高人民法院、最高人民检察院关于办理侵犯公民个人信息刑事案件适用法律若干问题的解释》的规定，虽然具有形式上的合法性，但就其实质效果而言，值得商榷。

CHAPTER 04 >> 第四章

数据权利刑法保护的基本立场

数据权利保护是大数据时代个人权利保护的基本内容。从刑法角度进行的数据权利保护,是构建数据权利法律保护体系的重要内容与必要保障。基于何种立场对数据权利进行保护,是如何进行数据权利刑法保护首先必须明确的内容。一般认为,数据权利的主体是作为数据主体的个人,因而根据传统权利保护的立法与司法惯例,数据权利刑法保护的基本立场应基于个人权利的角度展开。然而,从个人数据公共属性的角度考虑,数据权利不仅涉及传统的个人私权利,也涉及社会公共利益与国家安全利益,对数据权利的刑法保护不应囿于个人私权利保护的视角。基于私权利视角的个人控制论面临逻辑基础与核心内容无法满足理论研究与现实需求的客观诘难。因而,确立数据权利社会控制论的基本立场,构建兼顾数据权利公私混合属性的刑法保护体系,是最终实现数据权利安全利益与经济利益的前提条件。

第一节　个人控制论立场的反思与检讨

个人数据保护控制论的两个理论源头，一个是欧盟基于人的尊严保护个人数据的人格理论，另一个是美国基于个人自由保护个人数据的隐私理论。尽管两个法域中个人数据保护的理论基础不同，但其结论是相同的，即个人应当有权控制其个人数据的使用，以实现对个人自治（独立人格和自由意志）等基本权利的保护。[1]

在我国，关于个人数据权利保护是否应当采用基于私权视角的个人控制论立场，《刑法》并未予以回应。《刑法》第 253 条之一等相关条款也未明确表现出立法者在关于个人数据保护中所持立场的倾向性，究竟在于以保护个人私权为主要立法意旨，还是以保护公共权利与维护国家安全为内容，或者二者兼而有之。理由是，第 253 条之一设置于《刑法》分则第 4 章"侵犯公民的人身权利、民主权利罪"中，这表明在立法者看来，侵犯公民个人数据行为的犯罪客体是公民的人身权利，数据权利是公民的个人私权利，而私权利的本质在于权利归属于私主体，由私主体行使、受私主体支配。但是，《刑法》第 285 条非法获取计算机信息系统数据罪、第 286 条破坏计算机信息系统罪等关于违反国家规定，侵入计算机信息系统或者采用其他手段获取该计算机信息系统中存储、处理或者传输的数据，对计算机信息系统中存储、处理或者传输的数据进行删除、修改、增加的操作的规定，则被设置于《刑法》分则第 6 章"妨害社会管理秩序罪"中。个人数据作为数

---

[1] 参见高富平：《个人信息保护：从个人控制到社会控制》，载《法学研究》2018 年第 3 期。

据的重要组成，《刑法》第285、第286条的规定当然适用于公民个人数据，因而以侵入计算机系统或者采用其他方式非法获取计算机信息系统中的个人数据，或者对计算机信息系统中的个人数据进行删除、修改、增加的行为，侵犯的客体是社会管理秩序。

《刑法》第285条和第286条的规定表明，在立法者看来，非法获取计算机信息系统中的个人数据或者对系统中的个人数据进行改变的行为损害的是社会的秩序利益。进言之，存储于计算机信息系统中的个人数据不再只是个人的私权利客体，同时也是具有一定社会属性的公共资源，因而对这些个人数据的侵害同时也损害了公共利益。在其他规定中，尚未见关于侵害个人数据的明确规定，因而不能通过现有的立法考察来确定立法者关于个人数据权利保护的基本立场。

与《刑法》关于个人数据权利保护的模糊立场相比，作为前置法的其他相关法律法规则大都坚持了基于"同意权"的个人控制论立场。例如，2017年施行的《网络安全法》第41条第1款规定："网络运营者收集、使用个人信息，应当遵循合法、正当、必要的原则，公开收集、使用规则，明示收集、使用信息的目的、方式和范围，并经被收集者同意。"2013年修正的《消费者权益保护法》第29条第1款规定："经营者收集、使用消费者个人信息，应当遵循合法、正当、必要的原则，明示收集、使用信息的目的、方式和范围，并经消费者同意。经营者收集、使用消费者个人信息，应当公开其收集、使用规则，不得违反法律、法规的规定和双方的约定收集、使用信息。"《民法典》第1035条第1款第1项规定："处理个人信息的，应当遵循合法、正当、必要原则，不得过度处理，并符合下列条件：（一）征得该自然人或者其监护人同意……"上述条款都暗合了域外关于数据个人控制论的保护精神，体现了立法者对于个人数据个人控制的肯定与支持。然而，笔者认为，在大数据时代背景下，基于个人控制的数据权利理论及立法是否能真正形成对个人数据权利的有效保障，值得商榷。

一、个人控制论的立论基础值得质疑

个人控制论立基于权利的个人私有，认为数据权利是公民个人权利的一部分，其实质是个人自决权，具体包括对个人数据进行支配、控制并排除他人侵害等权利。❶ 由于个人数据本身具有一定的标识作用，如姓名、联系方式、家庭住址、家庭成员、基因等个人数据都具有直接指向性，因而任何滥用或者侵犯上述个人数据的行为都有可能危及公民的人身安全与财产安全。司法实践中，许多案件，尤其是有预谋的各类案件，之所以有条件发生，大都是因为行为人从获取个人的家庭住址、行动轨迹、财务状况、家庭成员等相关数据着手准备、而后按计划实施犯罪。就此意义而言，保护个人数据安全，也就是保护公民个人的人身安全与财产安全，个人控制论将数据作为个人私有物、由个人进行支配的立论具有一定的合理性。然而，如果据此认为"基于自己意思自主地决定个人信息能否被他人收集、储存并利用"就能充分实现数据确权，❷ 在大数据时代背景下，则值得怀疑。

（1）就规范逻辑而言，不同于传统的人身权、财产权等个人权利，数据权利是数据技术加持下的一种混合性权利。对于数据权利而言，其构成不仅包括因数据本身的价值而带给数据主体的经济权利，以数据为载体而表征的人身权利与财产权利等内在权

---

❶ 参见齐爱民：《论个人信息的法律保护》，载《苏州大学学报（哲学社会科学版）》2005 年第 2 期。
❷ 参见程啸：《论大数据时代的个人数据权利》，载《中国社会科学》2018 年第 3 期。

利,而且也涵涉了基于技术因素而形成的外部权利,如通过技术筛查与分析等对个人数据价值进行挖掘,提炼出有价值的数据信息。由于数据技术的不断进步,个人数据的价值也会被无限挖掘,持续形成新的扩展性权利。

数字经济时代的开启,使个人成为数据资源的重要源头。个人只要参与社会活动,就会留下痕迹,形成个人数据。随着个人社会活动范围不断拓展,个人数据资源量呈指数式增长。不仅如此,数据技术的发展也将使得数据权利的边界呈现出不断扩张的态势。要求个人对海量的个人数据进行实际控制,使数据权利成为排他性权利的个人控制论,不仅忽视了大数据时代个人数据变动不居的时代特征,而且无视了个人数据权利与数据收集者、分析者、使用者之间的权利规范冲突,从而导致权利体系的交叉、重叠与混乱。原因在于,虽然个人数据产生于作为数据主体的公民,个人数据安全也与公民个人自身的相关权利直接相关,但是,之所以形成个人数据,是因为有了数据技术的加持。而数据企业收集、分析数据等不仅需要承担人力、财力、物力等基础成本,而且需要承担满足自身发展需求与促进数据技术进步的发展成本。如果不赋予数据企业以一定的数据使用权,缺少了技术加持的个人数据就会回到前数字时代,不再具有数据价值,也不会再产生数据效益。而数据企业的数据使用权的形成,在一定程度上会对个人控制论所坚持的数据个人支配、个人控制的立论形成冲击。

(2)就制度功能而言,基于意思自治、主体平等等私权观念而形成的个人控制论体系无法实现对受到侵害的数据权利的有效救济。"无救济则无权利",在权利人的实体权利遭受侵害后,法律必须为有关机关或者个人在法律允许的范围内采取一定的补救措施以消除侵害提供依据,并由此使得权利人获得一定的补偿或者赔偿。换言之，法律必须为权利提供必要的救济措施，唯其如此，才能在权利受到侵害时为权利主体提供保护，才能为受损权利提供及时、充分的救济，公民的法定权利也才能成为真正法律意义上的权利。

基于个人控制论设计的数据权利保护体系虽然能够在一定程度上为数据权利提供保护，但笔者认为，这种形式主义的保护模式并未充分注意到数据权力因技术优势而可能进行的、未经过或未及时经过数据主体同意的数据流向操控。事实上，在"全民监控"的时代语境下，对个人数据的捕捉、采集已成为常态，个人的日常生活、社会交往无不处在各种设备的监控之下。在日渐普及的智能化技术的加持下，包括个人的私密交谈、睡眠状况、饮食习惯甚至生理指标等各项数据，都成为采集的对象。对于如此庞杂、繁复且规模迅速扩大的个人数据库，作为数据主体的个人要进行有效管理与支配，进行全链条追踪与全方位监控，基本不可能实现。甚至在很多情况下，对于自己的何种数据被采集、何时被采集、在何地被采集，以及被哪些部门、企业或者个人采集，数据主体都无从知晓，当然也就更不可能知道关于自己的个人数据被谁侵害、何时被侵害、以何种方式被侵害。如此情况下的权利救济，只能是空谈。

认为"无论国家机关处理自然人的个人信息，还是非国家机关处理自然人的个人信息，也无论处理者处理自然人个人信息的目的是行政管理、公共服务还是营利目的，处理者与自然人都属于平等的民事主体"的观点，[1] 忽视了个人与信息处理者之间明显不平衡的关系。[2]

---

[1] 程啸：《我国〈民法典〉个人信息保护制度的创新与发展》，载《财经法学》2020年第4期。

[2] 参见王锡锌：《个人信息国家保护义务及展开》，载《中国法学》2021年第1期。

以我国正着力推行的"数字政府"为例。随着"数字政府"理论的提出与推进,政务大数据日益受到关注。无论是国家机关在运转中产生的基础数据,还是按照一定的逻辑运算与分析处理基础数据而形成的成果性数据,都成为推动政府治理、决策科学化、精准化的重要抓手,使政府在交通管理、公共安全、环境保护、医疗卫生、食品安全等方面实现治理能力与治理体系的现代化。在形成"数字政府"核心内容的政务大数据中,个人数据作为重要一环,是政府实现人、财、物管理中的"人"的因素,其最为关键。政务数据是否公开、如何公开,其决定权在于政府,无论政府需要采集什么样的个人数据,是通过各国家机关间的大数据平台主动采集还是要求数据主体提供,只要是基于公共管理需要,个人基本上都无权反对或者拒绝。这既是社会治理现代化的需要,也是社会公共生活中个人必须让渡的权益。因此,相对于作为政务大数据主体的国家机关而言,作为行政相对方的自然人并不具有平等地位。

较之于国家机关的行政强制性,作为非国家机关的其他单位,如数据企业等,在对自然人的数据采集与使用中显得更具柔性。以数据企业为例,随着国家对数据安全的重视与对数据企业管理的加强,数据企业无论是对个人数据的采集还是使用,都需要取得数据主体的"同意",这形成了其与数据主体之间的法定平等。然而,这种形式上的平等是以数据主体基于使用数据企业所提供 APP 的便宜或者某种情况下情非得已的选择,而并非真实意愿的体现,❶ 这种所谓合意的取得,更多的是数据企业基于其技术优势而形成的、具有强烈自足意向的格式条款式的表达。这种不对等关系中的数据关系

---

❶ 关于该观点的进一步展开,详见本节"数据的价值属性决定了个人控制论的欠完备性"部分关于"作为个人控制论核心的同意原则并不必然具有客观合理性"的论证。

当然无法保证数据主体能够自主控制与支配个人数据，建立于个人控制论基础上的数据权利保护体系，自始即显示出其立论偏差。

二、数据的价值属性决定个人控制论的欠完备性

大数据时代的数据具有重要的经济价值与战略价值，已成共识。就前者而言，随着数字经济的发展，不断形成并日趋完善的数据规则正在通过影响信息和资源的获得方式，建立起新的经济运行模式与经济运行结构。数据组织的基本规则支配着包括个人财产权、收入分配权、资源配置效率及人力资本等在内的一系列市场要素，从不同层面重塑着宏观与微观经济版图。数字经济的蓬勃发展表明，数据已成为影响经济发展、推动经济转型的内驱动力。

数据对经济的影响，还表现在可以有效降低成本方面，具体表现在以下5个方面：一是降低搜寻成本（search cost）。数字经济能够使消费者更容易购买到符合自身偏好的商品，从整体上为交换提供便利，提高市场参与者的匹配质量。二是降低复制成本（replication cost）。与非数字商品不同，数字产品的边际成本不仅递减且趋近于零，使非排他性供给成为可能，极大降低成本损耗。三是降低交通成本（transportation cost）。数字经济突破了传统的位置限制或者距离约束，能够实现资源的最优配置。四是降低追踪成本（tracking cost）。大数据的广泛应用使得个性化交易成为可能，异质性定价成为常态，产品营销支出得以大幅降低。五是降低验证成本（verification cost）。数字经济时代中的在线声誉系统部分替代了品版声誉，增进了非重复情境下的信任。❶

大数据的战略意义不仅在于掌握规模化的数据，更在于对这

---

❶ 参见程实：《数据要素的经济价值》，https://ishare.ifeng.com/c/s/7vqWdrXcOcb，2021-12-06。

些数据进行专业化处理后所产生的战略意义。得数据者得未来，大数据应用对国家发展与安全的影响成为各国家关注的核心问题，并且大数据管理也是国家安全管理的重要模块。国家安全外延扩大以及重心转移使得国家安全所需的各类信息的作用日益凸显。❶主要表现为：

第一，大数据是推进国家治理体系与治理能力现代化的重要助力。大数据的分析、整合与利用能够帮助政府提高应对各类事件的智能化水平，有效降低行政成本、提高行政效率。智能政府、智慧城市等一系列现代化治理结构的形成及有效治理能力的提高，都以稳定、可靠、安全、准确、高效的大数据采集、储存、分析、研判等为前提。

第二，大数据关涉国家安全与发展，是衡量国家综合国力的标尺。在大数据时代，国家对数据的拥有规模、保护数据安全及运用数据的能力，是影响国家未来发展的重要内容。国家间的竞争不再仅限于传统实体资源的开发与利用，而更多地体现在基于大数据技术而构建的国家的技术安全、生物安全、环境安全、文化安全、国防安全等总体安全上。

个人数据作为数据的重要组成部分，其经济价值与战略价值具有较之于其他数据而言更为重要的地位。理由是，人作为一切存在的前提与基础，具有不可超越的主体性地位，对人的保护尤其是人的安全的保护，理当具有无可比拟的优先性。个人数据作为人的数字化体现，是大数据时代人的外在表征，是人在生存、发展过程中赖以维系的重要外在保障。在突飞猛进的数据技术的加持下，个人数据已成为个人社会化的一部分，也正是因为海量的个人

---

❶ 参见巴志超等：《国家安全大数据综合信息集成的战略思考与路径选择》，载《情报学报》2021年第11期。

数据的产生与聚集，个人数据得以成为具有重要经济价值与战略价值的数据资源，在推动国家安全、社会发展与增进民众福祉方面，发挥着巨大作用。这也是数字化时代大数据分享的必然结果。

然而，在对个人数据的使用过程中，并非所有的数据行为都要经过数据主体的同意。个人数据作为社会资源的一部分，不仅是个人的私有数据，在涉及社会公益、刑事安全等公共利益与国家安全等场合，个人数据同时也是社会数据、国家数据。由于国家利益、公共利益与个人利益具有一致性，国家利益、社会利益体现着个人的根本利益与长远利益，个人利益必须在符合国家利益与社会利益的前提下才能得到保障。因而，在基于国家利益与社会利益需要而使用个人数据的场合，对个人数据的使用因数据本身的国家数据、社会数据属性而不必征得公民个人的同意。就此而言，个人控制论下的数据权利可能成为"纸面上的权利"。[1]

基于对数据价值属性的充分认知及对个人控制论的深刻反省，为个人控制论下的数据权利保护寻求变通性方案或者替代性思路已日益受到重视。例如，有学者试图从行为主义与场景主义的视角出发，探求个人数据收集与利用行为的合理边界，认为既然个人数据确权保护很难成立，而个人数据的无限制流通又可能侵犯个体与社会的相关权益，那私法保护个人数据就应当对个人数据的收集、储存、处理的各个环节进行行为主义的规制，确保个人数据流通的各个环节都能得到法律的合理介入。从这种行为主义规制的进路出发，个人数据保护应当根据不同行为可能侵犯个体与社会的权益而进行不同程度的规制。与此同时，这种行为主义的规制应当高度场景化，应当根据个人数据使用的不同场合来对

---

[1] 参见张新宝：《我国个人信息保护法立法主要矛盾研讨》，载《吉林大学社会科学学报》2018年第5期。

行为的合理性进行价值评估与判断。❶

也有学者提出，应当强化公法意义上的数据权利，并以此作为对抗信息控制者侵害个人信息的前提性设定。这种观点认为在网络时代，事后救济机制既无法预防泄露、滥用个人数据行为的发生，也无法有效惩罚、威慑违法者，如果将数据权利作为公法权利予以保护，则数据主体不但可以对抗平等的民事主体，也可以对抗公权力部门。对于纯粹的一般侵权行为，如果没有达到一定的程度，公权力并不需要介入，而对于公法权利的侵犯，不论程度如何，均需要由公权力执法机关提供保护。❷

上述建策或许能够解决数据企业因数据经济利益而在数据收集与利用过程中与数据权利之间产生的冲突问题，但是，对于基于重大公共利益关切的国家机关的数据收集与利用行为，则未必能够提供合法依据。因为，无论是对于作为私法权利的数据权利，还是对于作为公法权利的数据权利，上述论者都未阐明基于国家或社会利益的数据利用行为与数据权属之间的关系，因而无法解释其行为的正当性判断的基准。

另外，就立法层面而言，无论是《刑法》第253条之一的侵犯公民个人信息罪还是其他前置法的规定，都未就国家未经个人同意而获得或者使用个人数据的行为予以规定，这表明了立法者在此问题上的暂缓置评的立场，或者在立法者看来，未经个人同意的个人数据国家利用行为具有天然的合理性，因而《刑法》在此问题上不应有任何否定与怀疑。就此而言，个人控制论明显存在立法依据上的缺失。

---

❶ 参见丁晓东：《个人信息的双重属性与行为主义规制》，载《法学家》2020年第1期。

❷ 参见周汉华：《个人信息保护的法律定位》，载《法商研究》2020年第3期。

三、作为个人控制论核心的同意原则并不必然具有客观合理性

同意原则一直被认为是个人数据保护的基本原则，是我国个人数据保护立法中的重点关切内容。2012年由全国人民代表大会常务委员会出台的《全国人民代表大会常务委员会关于加强网络信息保护的决定》中明确提出在企业收集、使用个人信息时，应当明示收集、使用信息的目的、方式和范围，并经被收集者同意，首创了我国个人数据立法保护中的同意原则。2013年，我国首个个人数据保护国家标准《信息安全技术、公共及商用服务信息系统个人信息保护指南》明确规定了包括个人同意原则在内的8项原则，❶ 并强调了在数据收集、加工、转移、删除4个阶段都应当保障数据主体同意的"分层同意"理念。❷ 工业和信息化部也出台了《电信和互联网用户个人信息保护规定》，其中明确强调电信业务经营者、互联网信息服务提供者在收集数据时必须遵守同意原则。另外，《消费者权益保护法》《网络安全法》《数据安全法》《民法典》《个人信息保护法》等相关法律法规中，也都明确规定

---

❶ 包括目的明确原则、最少够用原则、公开告知原则、个人同意原则、质量保证原则、安全保障原则、诚信履行原则、责任明确原则等。

❷ 针对个人数据保护，《指南》就收集、加工、转移、删除4个阶段数据使用中的数据主体同意原则作出规定。具体包括：5.2.3规定："处理个人信息前要征得个人信息主体的同意，包括默许同意或明示同意。收集个人一般信息时，可认为个人信息主体默许同意，如果个人信息主体明确反对，要停止收集或删除个人信息；收集个人敏感信息时，要得到个人信息主体的明示同意。"5.3.4规定："未经个人信息主体明示同意，不向其他个人、组织和机构披露其处理的个人信息。"5.4.5规定："未经个人信息主体的明示同意，或法律法规明确规定，或未经主管部门同意，个人信息管理者不得将个人信息转移给境外个人信息获得者，包括位于境外的个人或境外注册的组织和机构。"5.5.2规定："收集阶段告知的个人信息使用目的达到后，立即删除个人信息；如需继续处理，要消除其中能够识别具体个人的内容；如需继续处理个人敏感信息，要获得个人信息主体的明示同意。"

了同意原则。❶ 然而，为了最大限度地保护数据权利考虑而被法体系所普遍确立的同意原则，并不必然具有客观合理性。

(1)"同意"本身的真实性值得商榷。数字经济时代背景下，作为数据主体的个人要进行经济活动、参与社会生活，就必须受国家相关机构、数据企业甚至其他社会个体所设置的数据监控的制约，同意国家机构和数据企业在一定限度内采集、使用其个人数据。需要说明的是，国家机构对个人数据的采集与使用多具备强制性，无须经过数据主体的同意。数据企业基于国家相关法律法规关于数据采集与使用必须征得数据主体同意的规定，为了合法取得对用户数据的采集权与使用权，往往会在服务终端页面设置同意条款，以此形成与数据主体之间的合意，满足个人数据保护同意原则的要求。

问题在于，对于作为数据主体的个人用户而言，只有在确定同意后方可获得服务，如果对所设置同意条款不予认可，则视为用户主动放弃了该项服务。在各类 APP 软件已充斥社会生活方方面面的客观情势下，不认可各类 APP 中的同意条款，在一定程度上就意味着拒绝同意者被社会边缘化甚至出社会化，个人基本的工作与生活都将得不到保障。这显然是现代社会中个人所不能承受之重。因此，出于参与社会生活的必要性及享受网络产品与服务便捷性考虑，数据主体往往并不具有作出真实意思表示的自由，因而也并非实质性地认同数据企业所提供的用户协议、服务条款及隐私权政策。

另外，基于自身专业或者知识所限，大多数用户往往受限于

---

❶ 见第 3 章第 1 节"二、我国《刑法》关于数据权利保护的规定"。

"获得性启发",认为同意 APP 软件中的同意条款是普遍做法,大概率不会给自身的数据权利带来风险,因而有意或者无意地忽略同意后的可能风险,[1]习惯性地确认同意条款。在实践中,很多用户甚至是在对同意条款中的内容根本没有进行阅读的情况下就进行了确认,更遑论同意是否其真实意思表示。部分数据企业为了更大限度地采集与使用个人数据,同时为了规避因个人数据采集与使用而可能带来的法律责任,更是有意在同意条款中设置具有倾向性的内容,或者采用故意弱化自身责任的用词等,凡此种种,都使得用户同意的真实性大打折扣。

(2) 同意原则本身存在逻辑缺陷。根据同意原则,其他单位或者个人使用他人的个人数据,必须征得数据主体的同意。数据主体不仅有权对他人能否使用其个人数据作出决定,而且在数据的使用范围、用途、期限、转让、变更、修正、删除、撤回等事项上,均具有决定权。然而,这种基于个人控制论的原则设定因带有强烈的理想主义色彩而导致原则本身具有一定的逻辑缺陷。因为,既然数据主体有权决定他人使用其数据,当然也就有权决定不让他人使用其数据或者删除已使用数据。《个人信息保护法》等相关法律法规赋予数据主体以删除权,该权利是数据权利主体的法定权利。

删除权的行使是建立在数据主体有证据证明他人不是或者不再是使用自己个人数据的适格主体的基础上。进言之,如果数据

---

[1] "获得性启发"也称"可行性启发",由心理学家丹尼尔·卡尼曼提出,是指人们在形成判断的过程中,往往会根据常见的例子或证据作出经验性判断,而对其他必须考虑的信息则选择性的"视而不见"。See Amos Tversky & Daniel Kahneman, Availability: A Heuristic for Judging Frequency and Probability: Cognitive Psychology, Volume 5, 1973 (208).

主体自始没有赋予他人使用自己个人数据的权利，那么，在他人非法使用了数据主体个人数据的情况下，该使用者因侵犯了他人的数据权利而当然地负有删除数据的义务，以及其他诸如损害赔偿、赔礼道歉等义务，在具有刑事可罚性的前提下，甚至应当被追究刑事责任。

在数据主体已同意他人使用自己数据的情况下，问题就变得有些复杂。其复杂性主要表现为，数据主体要行使删除权，首先就应提出证据，证明使用期限已经届满或者使用者超出使用范围、未按照事先约定的使用用途使用，或者在使用过程中对数据作出了不适当的修正或者更改等。由于数据主体是自然人且往往并不具有相关的专业知识或者收集、使用证据的能力，要履行证明责任以行使删除权，可能面临巨大困难。尤其是在其面对处于绝对优势技术地位的互联网企业时，数据主体要行使删除权，更是举步维艰。

另外，在面对国家机关、金融机构以及事业单位等部门时，数据主体甚至面临无权行使删除权的处境，如无权要求司法部门删除其犯罪记录，无权要求金融机构删除其不良信用记录，无权要求医院删除其疾病数据，无权要求房地产管理部门删除其房产数据，也无权要求机动车辆管理部门删除其车辆所有权数据等。在国家安全与社会治理有需要的情况下，基于数据主体个人自决权的同意原则显然不可避免地面临逻辑上的自相矛盾。

（3）同意原则并未获得立法层面的经验性认同。作为个人数据控制权起源地的美国，目前并未以立法的方式对数据主体的同意权进行规范性确认。欧盟也仅将"同意"作为个人数据收集的合法性基础之一，而并未将其作为使用个人数据的必要条件。根据 GDPR 第 6 条关于"处理的合法性"的规定，数据主体的同意权只是数据处理合法性的 6 个前提之一，且特别规定政府在履行职责时的特殊合法性，不需要取得作为数据主体的个人的同意。❶

我国《个人信息保护法》虽然在第 14 条规定："基于个人同意处理个人信息的，该同意应当由个人在充分知情的前提下自愿、明确作出。法律、行政法规规定处理个人信息应当取得个人单独同意或者书面同意的，从其规定。个人信息的处理目的、处理方式和处理的个人信息种类发生变更的，应当重新取得个人同意。"该条款确立了个人数据处理过程中同意原则的法律地位，尤其是第 2 款中关于处理目的、方式和个人数据种类变更情况下，数据处理者应当重新取得个人同意的规定，更是赋予同意原则以不可辩驳的决定性地位。

然而，法条考察表明，对同意原则的适用作出明确法律规定的前提是"基于个人同意处理个人信息的"，进言之，在对个人数据进行处理时，除了基于个人同意的情况外，还有非基于个人同意的情况，而《个人信息保护法》第 14 条的规定仅限于对基于个人同意情况的规定。由此可以推定，在立法者看来，同意并非个人数据处理的必要条件。事实上，这一立法立场可以通过《个人

---

❶ GDPR 第 6 条"处理的合法性"规定："1. 只有在适用以下至少一条的情况下，处理视为合法：（a）数据主体同意他或她的个人数据为一个或多个特定目而处理；（b）处理是为履行数据主体参与的合同之必要，或处理是因数据主体在签订合同前的请求而采取的措施；（c）处理是为履行控制者所服从的法律义务之必要；（d）处理是为了保护数据主体或另一个自然人的切身利益之必要；（e）处理是为了执行公共利益领域的任务或行使控制者既定的公务职权之必要；（f）处理是控制者或者第三方为了追求合法利益的之必要，但此利益被要求保护个人数据的数据主体的利益或基本权利以及自由覆盖的除外，尤其是数据主体为儿童的情形下。前第一款（f）项不适用于政府当局在履行其职责时进行的处理。"

信息保护法》第 13 条的规定予以佐证,❶ 主要表现在两个方面:一是《个人信息保护法》第 13 条第 1 款第 1 项规定:"符合下列情形之一的,个人信息处理者方可处理个人信息:(一)取得个人的同意……",这表明在立法者看来,取得个人同意只是处理个人数据的前提之一,而非必要条件;二是该条第 2 款以注意性规定的方式,对不需要取得个人同意作出明确提示。

另外,我国《消费者权益保护法》《网络安全法》都就同意原则作出了规定,要求收集、使用个人数据应当遵循合法、正当、必要的原则,明示收集、使用信息的目的、方式和范围,并须经数据主体的同意,将同意原则作为个人数据收集、使用的必要要件。但不可置疑的是,这两部法律都是针对特定领域的数据使用者而言,前者针对的对象是商品和服务的经营者,而后者针对的对象则是网络经营者。而《最高人民法院关于审理利用信息网络侵害人身权益民事纠纷案件适用法律若干问题的规定》(法释〔2020〕17 号)中对网络用户或者网络服务提供者未经数据主体同意公开其个人数据并造成损害情况下的侵权责任的规定,❷ 以及

---

❶ 《个人信息保护法》第13条规定:"符合下列情形之一的,个人信息处理者方可处理个人信息:(一)取得个人的同意;(二)为订立、履行个人作为一方当事人的合同所必需,或者按照依法制定的劳动规章制度和依法签订的集体合同实施人力资源管理所必需;(三)为履行法定职责或者法定义务所必需;(四)为应对突发公共卫生事件,或者紧急情况下为保护自然人的生命健康和财产安全所必需;(五)为公共利益实施新闻报道、舆论监督等行为,在合理的范围内处理个人信息;(六)依照本法规定在合理的范围内处理个人自行公开或者其他已经合法公开的个人信息;(七)法律、行政法规规定的其他情形。依照本法其他有关规定,处理个人信息应当取得个人同意,但是有前款第二项至第七项规定情形的,不需取得个人同意。"
❷ 2014 年 6 月通过的《最高人民法院关于审理利用信息网络侵害人身权益民事纠纷案件适用法律若干问题的规定》第 12 条规定:"网络用户或者网络服务提供者利用网络公开自然人基因信息、病历资料、健康检查资料、犯罪记录、家族住址、私人活动等个人隐私和其他个人信息,造成他人损害,被侵权人请求其承担侵权责任的,人民法院应予支持。"

2020年10月1日实施的《信息安全技术 个人信息安全规范》中对同意原则例外情形的规定，则都表明了立法者对个人控制论下同意原则的有限认同。❶

基于法统一性原理及刑法的"二次法"特征，相关行为在不构成民事侵权的情况下，刑法当然也不得将其认定为犯罪。❷ 立法是公民权利得以实现的法治保障，任何立法犹豫或者立法限定都表明，立法者在将立法原理或者立法精神内化为实在的法条规范的过程中，对隐藏于其后的法学理论持有的是一种有限接受的态度。对目前的立法现状的考察表明，在针对个人数据的收集、使用等处理过程中，除了个别专门性立法之外，同意原则并没有获得普遍的立法认同。立法者在针对个人数据处理过程中同意原则的谨慎认同说明，基于个人控制论基础而发展起来的个人同意原则不仅在理论层面存在难以自洽的困境，在实践中不可能得到贯彻实施。笔者认为，也正是由于认识到个人不可能通过"同意"的方式对其数据进行控制与支配，立法者最终选择了留有余地的立法方式，或者暂缓立法以保证法律的稳定性与权威性。

---

❶ 《信息安全技术 个人信息安全规范》在"5.6 征得授权同意的例外"中规定："以下情形中，个人信息控制者收集、使用个人信息不必征得个人信息主体的授权同意，a）与个人信息控制者履行法律法规规定的义务相关的；b）与国家安全、国防安全直接相关的；c）与公共安全、公共卫生、重大公共利益直接相关的；d）与刑事侦查、起诉、审判和决执行等直接相关的；e）出于维护个人信息主体或其他个人的生命、财产等重大合法权益但又很难得到本人授权同意的"，以此进一步对同意原则作出限制，体现了立法者对该原则适用的保留性态度。

❷ 需要说明的是，虽然《消费者权益保护法》及《网络安全法》规定了同意原则，其规定也具有较之于《最高人民法院关于审理利用信息网络侵害人身权益民事纠纷案件适用法律若干问题的规定》而言更高的法律效力，但《最高人民法院关于审理利用信息网络侵害人身权益民事纠纷案件适用法律若干问题的规定》第12条关于在对数据主体不构成侵害前提下，容许数据权力优先于数据权利的立法态度，则表明了司法机关在"同意原则"问题上的谨慎存疑与务实态度。

（4）同意原则的实现面临数据技术发展带来的挑战。就其形成而言，个人控制论下的同意原则是传统历史条件下的理论创制，是当时的物质条件、客观环境等综合作用的结果。在前大数据时代，受制于落后的生产方式与生活方式，个人的活动范围有限，所能产生的个人数据的数量、种类较少。不仅如此，在前互联网时代，这些个人数据的存储在规模、时效与存储速度等方面受限，通过数据分析获取的信息价值可能会付出远高于收益的成本努力。由此产生的结果，一是个人数据的规模有限，对其控制与支配具有现实可行性；二是数据的传播速度有限，数据主体对数据采集与利用的范围、方式及可能用途原则可控；三是个人数据的效用有限，大规模的数据盗采、盗用行为并不值当，数据权利维护的复杂程度与成本较低。凡此种种，基于个人控制论下的同意原则都具有了现实基础。

20世纪末，随着计算机网络的诞生与迅速发展，数据的存储与信息分析能力明显增强，与之相伴的，是个人数据产生与采集能力的显著提高。如何利用海量的个人数据并使之发挥应有的经济效能、社会效能已成为时代命题。大数据时代的来临意味着海量的个人数据成为重要的战略资源，对数据的分析与利用已成为产业通例，成为社会发展的助推剂以及国家安全发展的重要保障。个人数据也不再是局限于个人范畴的私有数据，其对于社会发展与国家发展的重要作用使得个人数据兼具一定的社会属性。对于作为数据主体的公民个人而言，要基于同意对所有个人数据的采集、分析与利用进行全方位的控制与支配，不具有可行性。

另外，数据作为一种基于技术发展而产生的数字产品，具有可重复利用性。在二次或多次利用中，数据的价值或许才能被充分地发掘与利用。但与之相伴的问题是，处理目的也可能在二次利用中发生改变。❶ 虽然欧盟、美国及我国均在法律中设立了"目的限制原则",试图通过严格禁止非约定目的的数据使用来防止数据滥用,但相关法律条款的适用情况并不理想。如果遵循个人数据使用必须征得数据主体同意的原则,则数据企业包括数据企业在内的二次或者多次数据使用者必须在使用数据之前,取得数据主体的同意。然而,由于在二次或者多次使用中,使用模式可能会因使用目的变化而随时发生变化,使用环节也可能因为过程的复杂性而可能增加,并进而导致数据流动的多重性变动,要在每个环节都取得数据主体的同意,不具有现实的可操作性。

数据使用目的的改变在商业活动中也经常发生,如商家最初获取个人数据的目的是将个人数据作为售后服务的依据,但在实际获取顾客的个人数据后,商家往往会将之作为了解销售情况并据以为未来的生产决策提供参考。在实际操作中,商家往往也会将获取的顾客个人数据用于精准营销,而这种操作在很多情况下并未经过数据主体的同意。❷ 数据主体为了获得商品或服务而愿意向商家提供个人数据,但对于商家改变数据使用目的、将数据作为生产决策的参考的行为或者将数据用于精准营销的行为,两者皆并未因数据用途改变而取得数据主体的同意。

另外,在公共利益需要的场合,通过大数据技术展开的个人数据的大范围利用,无论是在哪个环节,都无须征得数据主体的

---

❶ 参见任龙龙:《论同意不是个人信息处理的正当性基础》,载《政治与法律》2016年第1期。

❷ 根据《消费者权益保护法》第29条第3款的规定,经营者未经消费者同意或者请求,或者消费者明确表示拒绝的,不得向其发送商业性信息,即进行精准营销。而如果商家针对已提供商品或服务,向消费者发送旨在保障该商品或者服务质量的附属商品或者服务,虽然其实质也是一种精准营销,但通常会被作为一种售后服务方式而被普遍接受。本文所谓"精准服务",即就此层面而言的。

同意。例如，在对新冠病毒感染的大数据溯源中，对数据主体的大数据跟踪可能在开始阶段只限于是否到过疫区或者与确诊者有过密接，但随着溯源工作的进一步深入，可能会对数据主体的所有活动轨迹进行追溯，对所有密接甚至接触过的人员进行调查等。通过大数据技术进行的全方位溯源，不仅拓宽了个人数据的使用范围，也拓宽了个人数据的使用种类，甚至部分个人隐私数据都被包括其中。然而，这种数据利用行为显然无需经过数据主体的同意。

第二节　社会控制论立场的证立

社会控制理论为美国社会心理学家罗斯所提倡。在其《社会控制》一书中，罗斯首次从社会学意义上使用"社会控制"一词，认为随着社会初级群体生活方式的改变，人们越来越生活在陌生的"匿名社会"中，基于同情心、互助性、正义感等建立起来的"自然秩序"已难以再对人的行为起到有效的约束作用，所以对于离轨、犯罪等社会问题，必须采用包括政权、法律、舆论、信仰、道德、宗教、礼仪等手段进行控制，因而社会控制实际上"是一种社会行为，即社会通过各种手段，运用各种方式，使个人和团体的行为能有效地遵从社会规范，以达到维持社会秩序、保障社会整体协调、促进社会正常发展之目的"。❶

依据控制方式的不同，社会控制可分为正式控制与非正式控制。正式控制是指采用比较成熟的、正规的规范约束人们行为的

---

❶ 转引自吴刚、张敏杰：《转型时期的社会控制论纲》，载《浙江社会科学》1994年第6期。

控制方式，如法律、条例、规章、纪律等都属于正式控制。非正式控制则是指基于长期以来形成的共同意识或者经验认同等形成的、对社会成员的控制。时至今日，社会控制论已成为社会科学领域的显学之一，为基于网络技术发展而日益匿名化、陌生化的社会提供了相对稳定、权威的行为规范。

社会控制论的优势在于其明显的集中性与超个人性，集中反映了特定社会组织的利益和意志。无论采用何种具体的控制手段，社会控制都能以社会的整体视角，最大程度地服务于社会的总体利益，体现社会的总体意志。也正是因为这种整体的问题进路，使社会控制具有多向性和交叉性，各控制主体能够多方位地收集各种信息，再通过作为中间环节的传递媒介，将信息发射出去并接收其他主体收集的信息，从而形成复杂的信息系统，并据此作出最有利于社会规范的决策。

数据权利作为大数据时代的特有权利，其实现面临基于复杂的数据系统形成的各种社会机制的制约。因此，面对数据平台和国家机关所拥有的强大"数据权力"（data power），个人控制论下的数据权利保护模式很难为个人信息提供充分、全面和有效的保护。❶ 尤其是随着物联网、云计算、人工智能等新技术的发展，社会关系日趋复杂，社会规制的难度也与日俱增，个人控制将受到多种限制。以社会控制论的整体视角探求个人数据权利保护之策，是回应社会发展需求的应时应势之举。

一、个人数据的公共属性决定数据权利保护的社会性

就其来源而言，个人数据可分为自然性个人数据与社会性个

---

❶ 参见王锡锌：《个人信息国家保护义务及展开》，载《中国法学》2021年第1期。

人数据 2 种，前者主要是先天性的，主要包括相貌、指纹、血型、基因等与生俱来的且无法轻易改变的身体属性；后者主要包括姓名、住址、身份证号、电话号码、工作单位、个人喜好、网页浏览记录、购物消费记录、行动轨迹等，是指在社会生活中为了生活而由个人主动或被动地获取到的相应符号或信息。社会性个人数据的形成与获得另一方主体提供的管理或服务具有密切的关系，其形成过程中往往有多方主体或者公共机构和商业组织的参与。[1]这就使得个人数据从一开始便具有了社会共有性，即社会性个人数据不仅是因个人而产生的数据，同时也是因社会其他主体参与而产生的数据。

在互联网出现之前，虽然社会性个人数据具有一定的公共属性，但自然性个人数据具有天然的私权属性。而随着互联网的发展，在大数据技术的加持与推动下，自然性个人数据的公共属性得到了极大提升。就其本质而言，自然性个人数据是作为数据主体的个人与生俱来的信息载体，承载的是数据主体区别于其他人的生物标志。虽然这种天然数据也必须在社会生活中才具有价值，但受制于前互联网时代的客观情势，个人的社会活动范围往往受到较大限制，数据的公共属性表现得并不明显，加之数据主体对其个人数据相对可控，数据的私权属性成为压倒其公共属性的主要特性。

大数据技术的发展使得整个社会对数据资源的依赖性加强，社会个体无时无刻不在遍在的、由各种商业机构或者国家相关部门设置的数据网络中活动，数据的挖掘与分析被广泛应用于包括日常的衣食住行、医疗健康等各个领域，自然性的个人数据被广

---

[1] 参见刘迎霜：《大数据时代个人信息保护再思考——以大数据产业发展之公共福利为视角》，载《社会科学》2019 年第 3 期。

泛收集与分析，成为社会治理、商业应用等领域的重要数据资源，如公安机关用于道路等监控的"天眼"，商家在店内安装的、用于监控顾客行为的摄像机等。虽然这些设备实现的是对被监控对象的轨迹监控，但这些轨迹数据通过对被监控者个人面部特征、体态特征、走路姿势等自然性个人数据才能获得体现。这些自然性个人数据成为形成社会性数据的重要组成部分，其原有的私有属性受到冲击，公共属性越来越多地体现在个人数据中。

与此同时，社会性个人数据的公共属性也在逐渐增强。随着互联网的形成与发展，尤其是进入大数据时代以来，全息化、海量化生产的个人数据在国家安全与社会发展中的作用日益凸显，社会性个人数据的规模急剧扩张，且由于国家机关、数据企业、其他商业企业甚至个人的参与，社会性个人数据的公共属性不断增强。例如，网上交易记录、电子支付记录等，虽然是数据主体基于其自身意愿而作出的选择行为，但也是交易相对方（如电商平台上的卖家）与基础网络运营商共同参与的结果，且这种个人数据的产生，在很大程度上借助于交易相对方与基础网络运营商提供的平台产生，而国家对网络安全管理的加强也使得相关国家机关更深入地介入类似社会性个人数据的产生与管理的过程之中，社会性个人数据的公共属性愈加明显。

（1）个人数据关乎国家安全，对个人数据进行公权力层面的保护是国家总体安全发展的需要。根据数据主体的身份和数据内容的敏感程度，如果以是否为涉密人员进行分类，数据主体大致可分为涉密人员和非涉密人员两类；如果以数据的敏感程度进行分类，则大致可分为敏感数据和一般数据。如果以数据主体身份和数据内容的敏感程度作为交叉参数对数据进行分类，个人数据可分为涉密人员敏感数据、涉密人员一般数据、非涉密人员敏感数据和非涉密人员一般数据 4 种类型。❶ 除了非涉密人员的一般数据外，前三类数据都与国家安全密切相关。

第一，涉密人员的个人敏感数据与国家安全密切相关。对于国家涉密人员而言，其个人敏感数据直接关乎国家安全，理应受到国家公权层面的保护，如一国领导人或者关键领域的领导者、核心参与者的生物识别、宗教信仰、特定身份、医疗健康、行踪轨迹等数据都应当受到特别保护，在国家面临政治动荡、国家间出现战争冲突等情况下，更是如此。对重要政治决策者或者某一重要领域决策者敏感数据的收集与分析，也可能会成为别有用心者预判国家政策、决策的重要参考依据，或者为境外敌对势力进行渗透提供突破口。

一般涉密人员的个人数据也可能引发国家安全问题。2018 年，一名 20 岁的澳大利亚学生内森·鲁泽在搜索全球健身设备定位追踪公司斯特拉瓦（Strava）制作发布的"全球运动热力地图"时发现，斯特拉瓦地图在叙利亚、伊拉克、阿富汗显示的热力点大部分是美军和俄罗斯军队的驻地，包括一些未对外公布的秘密军事基地。不仅如此，通过对士兵的跑步轨迹的追踪，驻军的行动路线、频率、运输物资的路线，也可以被分析出来，❷这无疑大大增加了士兵的遇袭风险。前英国军官尼克·沃特斯就在推特上发文指出，此事是军队的"重大失败"，从热力图上，他看到了曾经服役的阿富汗基地的准确位置，巡逻路线、单个的巡逻基地，其中很多东西都能成为可用的情报。

---

❶ 参见姚斌：《总体国家安全观视角下个人信息保护机制研究》，载《保密科学技术》2019 年第 8 期。

❷ 佚名：《跑步轨迹泄露多国海外军事基地》，https://www.sohu.com/a/220076719_99939413，2021 – 05 – 13。

第二，涉密人员的一般个人数据也与国家安全紧密相关。例如，涉密人员因为工作原因，在日常工作中经常接触、经管国家秘密，或者因职务产生国家秘密，因而对国家相关秘密事项比较熟悉，这就决定了涉密人员本身与国家安全之间存在着千丝万缕的联系，其言行举止都有可能涉及国家秘密，稍有不慎就将导致国家秘密泄露。另外，即使涉密人员的一般个人数据不涉及国家秘密，如工作时间、工作地点、社会关系等，但如果将其个人数据进行规律性地收集分析，通过数据比对与相互印证，仍可能间接地与国家安全相关联。例如，境外黑客组织可通过对涉密人员的工作地点与工作时间的追踪，大致判断其工作性质，再通过对其所用互联网计算机实施网络攻击，直接窃取、破坏其计算机内存储的工作文件等，据此对我国国家安全形成威胁。

第三，非涉密人员的个人敏感数据与国家安全相关联，主要体现在该类数据被大规模收集或分析利用的场合。非涉密人员个人敏感数据规模越大、存储越集中，其与国家安全的关联就越大、边界就越模糊。例如，海量非涉密人员的基因数据会影响国家生物安全，政治事件中网络用户评论区域的数据可能被用来作为倾向性地投放诱导性新闻以引导事件的政治走向等。❶ 据 2018 年英国第四电视台报道，英国大数据公司剑桥分析（Cambridge Analytica），通过对 5000 余万脸书用户的政治倾向等数据的分析，借助脸书的广告投放系统，在包括美国、印度、阿根廷等国家的竞选活动中，向这些用户定向推送诱导性新闻，并预测选民动向，帮助"金主"赢得选举。❷

---

❶ 参见胡雅萍、洪方：《社交媒体情报研究》，载《情报杂志》2018 年第 3 期。
❷ 参见佚名：《数万文件揭露剑桥分析操纵各国选民》，https：//new.qq.com/omn/20200114/20200114A092NW00.html，2021 - 12 - 19。

个人数据与国家安全的密切相关性决定了个人数据权利保护必须有国家公权力的参与,没有国家权力,公民权利就难以得到有效保障。❶ 基于国家视角对数据权利进行体系性的社会化保护,是包括国家数据安全在内的国家安全的应有之义,也是个人数据权利被实现的有效保障。

(2) 个人数据已成为公共资源的一部分,需要多元化的社会保护。数据技术的发展不仅使得数据主体享受高品质服务、快速迭代创新等各种便利,❷ 而且使得数据成为信息控制者的生产要素和行动指引。❸ 对数据的控制成为数据控制者争夺资源、获取利润、谋求发展的重要渠道。对于数据控制者而言,占有、使用数据不仅意味着发展,而且在激烈竞争的当前情势下,也意味着能否存立。作为数据主体的个人要保护其数据权利,就必须面对数据控制者对其数据权利的可能侵害。然而,个体化的数据主体与拥有包括技术优势、团体优势等在内的数据控制者之间的明显差异,决定了数据主体在保护其数据权利时力有不逮。借助于社会保护体系实现对自身权利的多元化、多层次保护,是数据主体个人权利获得全面保护的有效途径。对数据权利的保护程度将影响社会的安全与稳定,影响经济的正常发展与运行。主要表现在以下两个方面:

第一,在社会公共事件中,对个人数据的掌控能够直接影响

---

❶ 参见张晓琴:《论国家权力对公民权利的保障》,载《宁夏大学学报(人文社会科学版)》2009 年第 2 期。

❷ See D. Daniel Sokol & Roisin E. Cimerford, Antitrust and Regulating Big Data. 23 Geo. Mason L. Rev. 2016 (119).

❸ 参见周汉华:《探索激励相容的个人数据治理之道——中国个人信息保护法的立法方向》,载《法学研究》2018 年第 2 期。

与引导舆情。作为大数据时代的推力之一，媒体技术革命使社会舆论环境发生了巨大变化，互联网在为各类自媒体提供了一个全新的发展平台的同时，也成为引导社会舆情的重要通道。在引发社会广泛关注的一些群体性事件以及各类刑事、暴恐案件中，网络舆情都或多或少地起到推波助澜的作用，并在一定程度上影响了事件走向。例如，2009年的邓玉娇案、❶ 2016年的聊城于欢案等❷都成为当时的舆论焦点并形成一定的舆情倾向。另外，社会公众对公共事件的广泛参与，也使得包括个人政治倾向在内的各类个人数据成为互联网平台数据库中的重要组成部分。数据控制者通过对各类个人数据的分析、研判，就能够在各类社会公共事件中针对不同社会群体进行诱导性舆情引导。由于互联网对社会舆论议程设置的巨大影响，加之舆论主体的匿名性、参与形式的广泛性与传播空间的无界性等，这种基于大数据分析进行的、具有针对性的舆情引导将不利于社会的稳定性。

第二，随着互联网经济的发展，随处可见的身份绑定、过度索权加大了APP等渠道中个人数据的泄露风险。尤其是，在虚拟

---

❶ 2009年5月10日晚8时许，湖北省巴东县野三关镇政府3名工作人员在该镇雄风宾馆梦幻城消费时，涉嫌对服务员邓玉娇进行骚扰挑衅，致使邓玉娇用水果刀刺伤2人，其中1人因抢救无效死亡。邓玉娇当即拨打110报警。6月16日，巴东县人民法院一审公开开庭审理了"邓玉娇案"，认为其行为构成故意伤害罪，但属防卫过当，因邓玉娇患心境障碍，属限制刑事责任能力，同时又有自首情节，所以决定对其免除处罚。

❷ 2016年4月14日，由社会闲散人员组成的10多人催债队伍多次对女企业家苏银霞的工厂进行骚扰并辱骂、殴打苏银霞。苏银霞的儿子于欢目睹其母亲受辱，从工厂接待室的桌子上摸到一把水果刀乱捅，导致催债人杜志浩等4人受伤，杜志浩因未及时就医导致失血性休克死亡，另有2人重伤，1人轻伤。2017年2月17日，山东省聊城市中级法院一审以故意伤害罪判处于欢无期徒刑。由于原、被告双方均不服一审判决，分别提出上诉，山东省高级人民法院于6月23日二审认定于欢属于防卫过当，构成故意伤害罪，判处有期徒刑5年。

货币的加持下，不可控的暗网论坛、电报（Telegram）等社交平台正成为信息贩卖的主要渠道。据统计，每年在暗网平台上达成的各类泄露数据的交易数多达上万起，每年泄露的数据总量高达数10亿条，交易金额超过10亿元人民币。这些泄露出来、被公开出售的个人数据中，来自金融业的个人数据占比高达60%以上。2016—2020年，全国各级人民法院一审审结的涉侵害个人数据犯罪且裁判文书已公开的案件中，从所涉个人数据来源行业来看，金融行业占比为39.10%，位列第一。❶

在互联网金融领域，客户的数据资源是金融机构的重要资产。个人数据安全不仅关系到金融机构本身的业务开展，而且关系到国家的金融安全。由于金融业务本身的特殊性，对客户个人数据的获取与分析成为黑灰产业的主要目标，并借此形成完整的黑灰产业链条。除了银行的交易记录、征信报告等数据外，保险业、证券业等行业的数据泄露同样也成为近年来困扰金融领域的"顽疾"。由于各金融机构之间、金融机构与其他行业之间信息互通，一旦客户数据泄露，不仅金融机构本身客户的人身与财产安全受到影响，其他公司的客户也会被波及，甚至一些银行或者国家的基础设施都会受到影响。

随着黑灰产业对互联网金融领域中个人数据的攻击，包括非法集资、信用卡诈骗、电信诈骗等犯罪也呈不断上升之势，其中最为显著的是电信诈骗类犯罪。据统计，在2020年开展的打击电信诈骗专项行动中，公安机关累计拦截诈骗电话1.4亿个、诈骗短信8.7亿条，封堵诈骗域名网址31.6万个，通过96110反诈预警

---

❶ 参见佚名：《个人信息泄露呈"指数级"爆炸式增长》，https://baijiahao.baidu.com/s？id=1697513345023918818&wfr=spider&for=pc，2021-12-21。

专号防止 970 万名群众被骗，破获电信网络诈骗案 25.6 万起。❶ 犯罪分子采用网络借款、网络刷单、"杀猪盘"、冒充客服人员、冒充公检法人员等方式，通过非法获取的受害人个人数据进行精准诈骗，不仅严重侵害了数据主体的财产利益，也损害了包括金融机构在内的各类经营主体的诚信形象，破坏了包括金融市场在内的社会主义市场经济的整体秩序。因此，保证客户个人数据安全，已经成为互联网金融时代金融机构打击黑灰产业的重要目标之一。这也充分说明，无论数据使用者在使用个人数据时是否经过数据主体同意，个人数据一旦进入公共领域，就需要来自包括数据主体在内的多元层面的保护。在经过数据主体同意的数据使用的场合，数据使用者的保护形成了对个人数据的最为直接、也最可能有效的保护。

第三，数据已成为深入分析各类群体社会活动乃至个体活动的重要指标，在公共政策制定、疫情防控、社会保障与维稳等领域的作用不可替代。例如，新冠病毒感染的暴发，作为一次重大公共卫生事件，在短时间内打破了原有社会系统的固有平衡，对社会的物质生产、居民生活、社会管控等都造成了重大影响。

在有效防控疫情的过程中，对疫情的传播模型的拟合、对疫情发展的预判、对公共舆情的引导及对谣言的管制、对物质供应系统的管控等，都得益于大数据的全面运用，而实现这一包括了多个子系统在内的闭环疫情应对系统的全面运行，离不开卫生、防疫、应急、铁路、公路与航空运办理、市场监管等各级政府行政机关，以及社区、互联网企业等各类社会组织及经济组织的通

---

❶ 佚名：《焦点访谈：2020 年全国破获的电信网络诈骗案件种类及数量汇总》，https：//baijiahao.baidu.com/s? id = 1700642158118774336&wfr = spider&for = pc，2021 - 12 - 25。

力配合。例如，全球交易量最大的票务平台12306，就利用实名制售票的大数据优势，配合地方政府及各级防控部门及时对列车上出现的确诊或者疑似旅客的相关个人数据进行锁定，并对同乘、同购、同行旅客的个人数据进行提取分析，为后续的隔离排查、疫情监测、传染源追踪等工作提供支持。但与此同时，屡次发生的公布确诊者，尤其是在区域性疫情发生时的0号病人的姓名、住址、工作单位、联系方式、社会关系等，以及以寻找确诊病例密切接触者为名公布他人个人数据等现象，使相关人员及其亲属的生活受到骚扰，造成不良的社会影响。

在网络技术发展日新月异的当今社会，个人数据在公共事务中的立体化嵌入已逐渐成为常态，如何保护个人数据不再是数据主体的个人事务，依靠民众自身对其个人数据进行私力保护已不能满足现实客观需要。在处理各类重大社会事件中全面有效地利用个人数据的同时，保护个人数据也已经成为全社会的共同责任，相关国家机关、数据控制者与使用者、数据主体本身的共同协作，才是形成多元化、多层阶的个人数据社会保护体系的基本路径与可行选择。

二、社会基础的改变为个人数据社会控制论提供现实支撑

在前互联网时代，个人数据无论是由数据主体提供给政府、企业或者他人，还是由对方主动收集，其种类、流通范围和流通渠道都相对受限，数据主体可以通过同意数据被收集或使用、要求更正或删除等方式，要求数据占有者按照预定的方式和用途占有、使用数据，数据滥用风险相对可控，因而"在大数据时代来临之前，个人数据实际处于未被利用的沉睡状态"。❶

---

❶ 周汉华：《探索激励相容的个人数据治理之道——中国个人信息保护法的立法方向》，载《法学研究》2018年第2期。

随着信息技术的发展，数据成为知识，❶ 数据需求呈现出指数式增长的态势。而日益严密的监控系统、人脸识别系统较好地满足了社会对数据的需求。据统计，目前我国已安装了近2亿个监控摄像头，❷ 随着AI芯片技术、音频采集技术、编码压缩等先进技术在视频监控系统的充分应用，视频监控行业已经实现了数字化转型，未来，随着安防行业与人工智能、物联网等新技术的深入融合，视频内容分析、检索、高清传输等关键技术的智能化升级成为大势所趋，而5G技术的超高速、高可靠、低时延等特征，则为监控视频的传输提供了核心技术支持。与此同时，无线视频监控也将迎来更大的发展空间。5G技术与视频监控行业的融合，使得个人数据收集的速度更快、种类更全、精准度更高，能够通过计算机视觉技术，对人进行精确定位，并识别出其年龄、性别、衣着颜色、乘坐的交通工具的类别、车牌号码等具体情况，从而形成全天候、全覆盖的数据采集系统。

近年来，随着我国新兴技术的进步，人脸识别技术已相对成熟并逐渐被推广到安防领域，成为可以全面覆盖电子商务、安全防务、楼宇、银行、社会保障、军队等领域的生物识别技术，其在生物识别体系中的占比仅次于指纹识别。❸ 考虑到指纹识别因接

---

❶ See Martin Hilbert, Big Data for Development: A Review of Promises and Challenges. 34 Dev. Policy Rev. 2016 (139).
❷ 参见佚名：《全国2亿个摄像头中潜藏大量"聋哑"设备，公共安全如何保障？》，https://baijiahao.baidu.com/s? id = 1682701862533888725&wfr = spider&for = pc，2021 - 11 - 07。
❸ 人脸识别也称为人像识别或者面部识别，是基于人的脸部特征信息进行身份识别的一种生物识别技术。自20世纪90年代末始，人脸识别技术在国内经历了技术引进、技术完善、技术应用等阶段，其中，2014年成为人脸识别技术在国内被广泛学习应用的关键年。由于国内公众对人脸识别接受度较高，该技术近几年来在国内得以快速普及。

触可能带来的污染性与病毒感染性问题及便利性，可以预测，人脸识别的市场前景将更为广阔。

然而，应当认识到的是，作为一把"双刃剑"，人脸识别技术在为安防等系统及民众生活提供便利的同时，利用其进行的违规采集、泄露、窃取行为以及非法交易和利用行为都使得个人数据面临巨大的风险。这主要表现为：一是利用人脸识别进行仿冒认证。人脸识别系统虽然可以对所采集的人脸图像进行辨认，但却无法识别其是人脸图像还是真人，犯罪分子通过盗用合法用户人脸照片、盗用合法用户人脸视频及盗用三维人脸面具等，将可以仿冒真人进行诈骗等违法犯罪活动。为了应对人脸照片冒用，很多人脸识别系统加入了生物活动检测，如眨眼、张嘴、摇头等动作，但攻击者仍可利用视频播放或者自动化人脸动效等技术逃过检测。二是人脸识别算法的攻击，攻击者通过对深度学习图像识别等应用造成逃逸攻击以及数据污染攻击等效果，能够用完全不同的用户人脸照片绕过身份识别系统。三是人脸识别可能被用于基于人工智能的杀伤性武器研制。通过在武器上装载传感性、摄像头、GPS定位等高科技功能设备，可实现人脸识别、携带炸药、躲避狙击、对目标一击毙命等目的。❶ 而互联网公司对个人数据的不当采集、用户在互联网上传与分享照片以及人脸数据库被攻击和窃取等，都可能导致作为个人敏感数据的人脸这一生物数据被滥用。

普遍存在的监控系统及人脸识别系统充分说明，新技术的出现彻底改变了前互联网时代数据各方基于信用而建立起来的规则体系，数据被滥用的风险陡增。为了有效应对上述风险，完善相

---

❶ 参见佚名：《人脸识别技术应用的风险与防范》，http://www.qianjia.com/html/2019-02/13_323837.html，2021-12-26。

关的法律法规，建立与生物特征数据相关的管理机构与管理制度，保障人脸数据的安全与规范使用以及落实生物特征数据生命周期各环节的安全主体责任，厘清人数据下政府、企业及个人的数据权责问题，都成为当务之急。而数据本身所具有的多点存储、多次开发、跨场景应用、多人经手、收集与处理分离等特点，❶ 也使得个人数据与数据主体的脱离呈现出加速状态，数据主体控制其个人数据的客观基础被不断削弱，数据控制愈来愈体现出强烈的社会化倾向。

三、社会控制论有利于实现数据权利与数据权力之间的平衡

1. 个人数据权利与国家数据权力、企业数据权力之间的紧张

"在检讨域外个人信息保护的法律文件时，我们发现几乎所有的国际性和国家性法律文件均将个人信息流动或流通使用作为最终的目标"，❷数据本身的价值实现依赖于足够好的流动性，只有在充分流动中，数据才会显示出其强大的价值，才能真正成为助推新时代先进生产力不断创新发展的关键抓手。在数据流动过程中，基于数据流程的复杂化、数据控制者的多元化以及数据风险的多点化、复杂化，数据主体的数据权利与互联网企业的数据权力、国家行政部门的数据权力之间既呈现出相辅相成、互相助益的关系，又由于各自权益之所在，三方主体之间围绕数据利益此消彼此、互相掣肘、互相制约。除了国家数据权力与企业数据权力之

---

❶ See Martin Hilbert, Big Data for Development: A Review of Promises and Challenges, 34Dev. Policy Rev. 2016（139）.

❷ 参见高富平：《个人信息保护：从个人控制到社会控制》，载《法学研究》2018年第3期。

间的博弈，国家数据权力与企业数据权力往往会或借助于行政威权，或借助于技术优势，对个人数据权利形成威胁。

（1）数据权利有赖于企业数据权力的行使，但也意味着必要的权利让渡。数据产业的发展离不开数据流通，基于数据流通而产生的数据效益是促进数据企业持续发展、数据技术持续进步的重要物质保障。单纯强调数据保护的观点过于注重数据安全而忽视数据价值，从而阻碍了数据企业的发展。不可否认的是，在强调权利优先的法治理念下，个人数据权利应当受到数据权力拥有者的充分尊重，数据权力的行使应当以数据权利的授权许可与不被侵害为前提。但是，就其渊源而言，数据权利与数据权力相伴而生，数据权利的产生必然伴随着数据权力的取得，或者说，大数据的形成既赋予了数据主体以数据权利，同时也赋予了互联网企业以数据权力。

数据主体有要求其合法利益的权利，互联网企业也有利用其所收集的数据行使相应数据权力以保障企业运行与发展的权力。数据权力的行使不可避免地会对数据权利空间形成逼仄态势，数据主体必须让渡一定的权利空间，才能形成与企业数据权力的妥协与衡平，也才能为权利本身争取更大的安全空间。其理由在于，数据权利的基础是数据，而数据存储在互联网企业的服务器内，如果互联网企业无法通过数据权力获取相应的数据效益并进而保障存储于其服务器内的数据安全，则个人数据权利反而更易遭受侵害。相反，如果互联网企业通过行使数据权力获取数据利益，进而提升数据技术，就能够在保障个人数据不断发展与完善的同时，为存储于其服务器内的个人数据提供更安全的技术保障，从而使得数据权利的内涵更为丰富、外延更为扩展、安全更有保障。

（2）个人数据权利次优于基于公共利益需要的国家数据权力，

但国家数据权力的过度扩张会不当侵害个人数据权利。有学者认为，现代信息技术的来临是 20 世纪后半叶开始的信息革命的重要议题，是继农业革命、产业革命之后"文明史上的一个重要转折点"，❶ 但这种高度依附于数字化生存的直接代价是几十亿人的行为持续不断地被记录、被存储、被分析，❷ 数字经济应运而生并使社会空间得到极大拓展，权力被"去中心化"。在传统的国家权力之外，形成一种新的、基于数字经济的国家权力，即国家数据权力。

作为一种特殊的国家权力，国家数据权力就其存在形态而言表现为一种政治权力关系，依靠政权机关保证其实现，具有国家权力所固有的对内强制性与对外主权性。就对外主权而言，国家数据主权具有独立性、排他性及自主性，是一国对其数据在国外享有的国家最高权力的表现。对外国家数据主权主要是指国家对其管辖内数据在跨境流动中的所有权、控制权与使用权，当然也涵括了对跨境数据流动安全的管理权。数据能否跨境流动以及数据在跨境流动过程中应当遵守什么样的规则，都取决于国家数据权力。国家对跨境数据流动的严格管辖，除了经济效能、社会效能等一系列综合考虑外，保障数据安全也是重要的目的之一。就此而言，国家行使对外数据主权当然包含了保护个人数据安全的内容，这与个人数据权利中保护数据安全的价值内容取向一致。因此，国家数据权力与个人数据权利的抵牾，主要表现为国家对内数据权力行使中可能发生的侵害个人数据权利的行为。

---

❶ 参见［韩］金文朝等：《数字技术与新社会秩序的形成》，柳京子等译，社会科学文献出版社 2018 年版，第 4 页。
❷ 参见［美］马修·萨尔加尼克：《计算社会学：数据时代的社会研究》，赵红梅等译，中信出版社 2019 年版，第 19 页。

一般而言，在个人数据权利与国家数据权力的关系中，国家数据权力不得侵害个人数据权利应当是共识。国家收集个人数据的方式与范围，决定了国家数据权力与个人数据权利的进退尺度与限度限定。政府机构只有在事先征得数据主体同意并就采集数据的目的、方式、使用范围等予以明确告知、以及采集与履行职责有关的数据且按照相关规定妥善存储与使用的情况下，才可能保证与个人数据权利之间的协调。例如，国家根据行政工作需要，在登记、许可、调查、听取意见、统计、检查等行政行为过程中所采集的海量数据中可能包括很多个人隐私，这些数据的采集者、使用者以及存储者必须对数据的安全负保证义务。在智慧政府、智慧城市蓬勃发展的当前情势下，这一义务显得尤其重要。

然而，在发生重大公共卫生事件或者其他可能威胁社会安全与稳定的事件的情况下，基于公共利益的理由，为了维护国家的安全与发展、社会的秩序与稳定，政府机构代表国家对个人数据进行采集与使用时，个人数据权利应当次优于国家数据权力的行使。政府机构可以基于社会公共利益的理由，强制收集与使用个人数据。例如，为了打击犯罪、维护社会治安的公安"天网"监控系统对个人数据的收集与使用等，就是个人数据权利次优于国家数据权力的典型示例。在诸如此类的种种场合中，国家数据权力的行使在一定程度上保障了个人数据的安全，有利于数据权利的实现，如在打击侵犯公民个人个人犯罪、打击网络诈骗犯罪等情况下，国家数据权力的行使更好地维护了个人数据权利。

在国家数据权力与个人数据权利的博弈与妥协中，个人数据权利可能面临以下威胁：一是在日常事务中，政府机构可能过度采集个人数据、滥用个人数据；二是政府机构不当地界定基于公共安全理由的特殊情况，强制采集与使用个人数据，侵害个人数据权利。换言之，如果国家数据权力基于公权力的理由过度扩张或者不当使用个人数据，则可能侵害个人数据权利并因此而导致二者的关系紧张。

2. 社会控制论立场的选择及理由证立

在社会控制论看来，对具有异质性的社会结构进行不同的功能控制，是社会有序发展的客观要求。[1] 个人数据的有序流通与运用是大数据时代数据资源利用的重要保障，任何有损于数据效能发挥的行为都有悖于社会发展的客观要求，阻碍数据产业的发展。在实践中，除了其他个人对数据主体权利可能造成侵害外，企业数据权力与国家数据权力也可能对其造成侵害。要避免数据权利受侵害，就必须发挥法律法规、国家规定、行业规则等手段的不同社会控制功能，对偏离和违背规范、具有社会异质性的犯罪行为及越轨行为等进行防范、纠正与惩罚。[2] 需要说明的是，法律作为一种高度专业化的社会控制形式与主要手段，[3] 理应成为满足社会结构调整与变革控制需求的理想选择。

提倡社会控制论的理由在于，个人数据权利所要求的数据保护与数据利用所需要的数据共享之间的冲突能够得以纾解：

（1）社会控制论不仅关注个人数据权利的实现，而且强调数据的社会价值，提倡数据流动过程中个人权利保护与数据有效利用的相对均衡。社会控制论着眼于数据控制的社会整体性，强调的是在保证数据充分发挥其应有价值的情况下，如何基于社会的

---

[1] 参见何怀远、田佑中：《社会哲学视野中的社会控制——兼就"社会系统的自在控制"问题与杨桂华先生商榷》，载《哲学研究》2000年第1期。

[2] 参见蒋传光：《论社会控制与和谐社会的构建——法社会学的研究》，载《江海学刊》2006年第4期。

[3] 参见[美]罗斯科·庞德：《通过法律的社会控制 法律的任务》，沈宗灵、董世忠译，商务印书馆1984年版，第12页。

整体性考虑，多层面、多向度地保护数据权利免受不当侵害。长期以来，侧重于数据权利保护的观点多集中于强调数据对于数据主体的价值，而忽视数据基于其公共属性所具有的社会价值，忽视了数据对于社会发展以及数据保护本身所具有的价值。事实上，在数据技术发达的美国，"忽略个人数据的社会价值"被认为是个人数据保护模式的严重缺陷，❶ 而在设计个人数据保护制度时应当充分关注各方利益之均衡，❷ 这被认为是数据经济的重要内涵。

（2）基于社会控制论建立起来的数据权利保护体系，突破了个人控制论下个人数据权利保护以数据主体为原点的理论逻辑体系，以动态保护的视角，对数据权利的保护范围、保护限度、保护方式等作出适时调整。该体系在关注个人数据权利的同时，也关注社会经济发展过程中基于数据技术进步所产生的、对数据价值的客观需求，对企业基于生存与发展而需要行使的数据权力、国家基于社会安全与稳定而需要行使的对内数据权力与对外数据主权等都进行了权衡，力求最大可能地保持个人权利保护与国家和企业的数据权力行使相对平衡，以此在实现数据权利与数据权力之间的妥协的同时，不仅有效地保护个人数据权利，而且保证企业数据权力的正常行使和国家基于社会治理与安全需要强制利用个人数据的行为具备合法性。建立包括各种法律、法规在内的社会保护体系进一步使数据的各方控制者与利用者的数据收集、存储与利用等行为具有了法律上的依据，使个人数据的利用处于一个良性的规范化状态中，避免了各方因争夺数据权利、权力而导致陷入恶性循环。

---

❶ Sdhwartz P. M., An Economic Theory of Clubs. Economica, Vol. 32, 1965 (125).
❷ 参见张新宝：《从隐私到个人信息：利益再衡量的理论与制度安排》，载《中国法学》2015 年第 3 期。

(3) 社会控制论有利于企业数据收集与利用的规范化。自数据产生起的整个流动生命周期中，数据主体基于其认知、技术及参与社会生活的便宜性等考虑，不可能对其个人数据进行全过程、全要素地有效监控，当然也就不可能有效控制数据的所有可能流向与用途。事实上，数据主体对其自身数据控制力的缺乏存在于全过程中，甚至在很多情况下，数据的产生都是由互联网企业或者与数据主体产生关联的其他企业控制的。这种控制性决定了个人数据被不当采集、滥用的可能性大大增加。

以互联网企业为例，阿里巴巴作为以技术驱动，包含了数字商业、金融科技、智慧物流、云计算、人地关系文化娱乐等场景的平台，沉淀了电商交易、搜索、物流、支付、广告、风控、移动、视频等种类多样的数据，所有与阿里巴巴产生过交易关联的消费者的个人数据都被收集、分析与加以利用。❶ 滴滴出行作为国内移动出行平台的龙头，事实上掌握了国内所有城市道路的交通数据（包括测绘数据、车流人流数据、汽车充电网的运行数据等），加之其录音收集功能，滴滴出行还收集了非常具有敏感性的车内录音录像的数据，乘客的面部特征、体型、声音、出行路线等数据都会被收集。除此之外，腾讯、百度、京东、携程等互联网巨头对个人数据的收集、分析与利用能力也远超数据主体所能想象的程度。

防止个人数据的不当采集与滥用，尤其是防止互联网科技巨头的集中"巨头式"数据采集与应用，防止"数据垄断"，实现个

---

❶ 为处理庞杂的海量数据，阿里巴巴的数据平台细化为 4 个层级，即数据采集层、数据计算层、数据服务层、数据应用层。而在每一层级下面，又根据需要进一步细化为若干单元。参见佚名：《阿里巴巴大数据之路——数据技术篇》，https：//www.cnblogs.com/jiangbei/p/9364605.html，2021-12-30。

人数据在合法、合规的前提下被共享共建,就要在法律框架下明确国家、集体、个人的数据权益,完善数据产权保护的法律体系,以及构建与之相关的社会配套机制。社会控制论的优势在于,基于社会整体考虑、有机协调与配合的视角,可以针对侵害个人数据的不当收集与利用行为,从理念、制度、具体措施等方面,构建包括法律、行政法规、行业制度等多层阶、多方位的防治体系,聚集立法、司法、行政、行业协会、企业、媒体以及其他社会力量,织密、织牢防治网络。

例如,2021年"3·15"晚会上,中央电视台对科勒卫浴、宝马、麦克斯·马勒(Max Mara)等门店在顾客不知情情况下违规抓取人脸数据的事件进行了报道。以科勒卫浴为例,顾客进入门店后,安装在店内的监控设备就会自动捕捉、记录顾客的人脸数据。而且,由于科勒在全面各地的上千家门店都进行了网络关联,顾客进入国内任何一家门店,其人脸数据就会被所有门店获取,并据此对顾客的姓名年龄甚至当时的心情作出分析,借以预测顾客的购买意向。对于这一侵害顾客个人数据权利的做法,多家厂商在央视报道后连夜道歉,国家市场监督管理局等相关部门也立即启动了查处工作。❶这种全方位的控制论体系使得任何僭越既有规则而滥用数据或者侵犯数据权利的行为,都能够受到自上而下的即时监督,压实国家机关、企业及网络主体等数据采集者、使用者及监督者的主体责任,确保企业数据利用的合法性。

(4)社会控制论能够有效避免建立在自决权基础上的个人控制论与国家数据利益之间可能产生的抵牾。在数据已成为重要战略资源的当下,数据利益已不再仅为互联网企业及其他相关企业

---

❶ 佚名:《海量人脸信息已被搜集:3·15晚会曝光人脸识别乱象》,techweb.com. cn/cloud/2021-03-16/2830212.shtml,2021-03-16。

相互争夺。基于数据而产生的经济利益、文化利益、安全利益、发展利益等各种利益以及因此而形成的整体利益域,已成为大国竞争的领域,成为国家数据主权的必然内涵。

然而,作为一种宏观的概括性存在,国家数据利益的形成源于海量个体数据利益的集合,其中个人的数据利益就是形成国家数据利益的基本单元。个人控制论的理论基础在于,个人有权对其自身形成的数据进行支配与控制,这是个人自决权理论的当然结论。然而,任何权利的行使都是以一定的边界限制为条件,西方法谚中所谓"你的权利止于我的鼻尖""你可以唱歌,但不能在午夜破坏我的美梦"就是对权利边界的最好诠释。不仅如此,在面对基于社会公共利益需要的国家利益时,个人权利也必须在必要限度内作出让步,以使其个人权利的实现具有基于国家层面的基本保障。

在国际数据技术竞争日趋激烈的情势下,统合了个人数据利益的国家数据利益已经无可争辩地成为维护域内包括个人数据在内的数据安全的根本保障,因而要有效地维护个人数据利益,就需要"在一个矛盾统一体中求得一种动态的平衡,以实现国家管理的效率"。❶由于国家数据利益与个人数据利益的属种关系,国家在维护整体数据利益的同时,必然会兼顾个人数据利益,或者说,个人数据利益作为国家数据利益的一部分,在国家数据利益得以保障或者发展的同时,也必然会基于整体利益的角度而被保护与发展。

社会控制论的立基点在于社会一体化,其要求充分运用国家的资源配置能力,在对各种社会要素进行充分评估的基础上,设

---

❶ 李文汇:《公民权利与国家权力关系之法理分析》,载《社会主义研究》2000年第3期。

置最有利于目标实现的技术模型与实施方案。在个人数据权利与国家数据权力的博弈中,如何在兼顾个人利益与国家利益双向平衡的前提下,不仅最大限度地保证大数据条件下个人基于数据权利而产生的各项利益的最大化,避免个人的人身利益、财产利益及其他附随利益受到损害,而且保证国家数据权力在全球数据战略竞争的当今情势下,基于国家数据利益需要而最大限度地行使国家数据管辖权,实现国际数据竞争中国家的数据主权安全,是一项复杂的系统性工程,需要综合考虑社会的各方面资源优化配置及利益关系协调。社会控制论多元化、综合性、全方位的立论基点及动态发展的问题思考进路无疑为上述问题的解决提供了有益的对策参考,其统筹考虑各类社会主体之间的权利关系、系统协调各类个体权利与国家整体利益之间关系的宏大叙事式问题代入与解决方略,能够有效消弥各个体利益之间的抵牾并最终实现整体社会利益的最大化。在大数据时代,这种优势就相对集中地表现为各类数据权利、数据权利与数据权力之间的利益最优配置。

CHAPTER 05 >> 第五章
数据权利刑法保护的体系构建

在新技术背景下,个人数据作为一种可再生性资源,不仅数据规模不断扩张,而且在数据权利受到侵害的情况下,相关侵害行为也具有难以发现的特点。这就意味着,作为个人权利一部分的数据权利不仅可能使数据主体本身的权利受到侵害,与之相关联的、附着于其上的公共安全与国家安全也可能受到侵害。就此而言,对个人数据权利的保护是一个兼具人身保护、财产保护、公共安全与国家安全保护于一体的整体性保护。基于刑法视角研究个人数据权利保护,是对部门法视角下数据权利保护的必要性也是底限性研究。

第一节 数据权利刑法保护的基本原则

随着数字经济在全球的发展,数据流动不仅赋予全球经济增长以新的动能,而且对现代社会的整体发展起着积极、正向的助推作用。但是，数据流动本身就意味着数据不仅在数据控制者本国流动，也将因跨国公司等内部的数据流动而出现数据的跨境流动，个人隐私、国家安全、经济安全等数据风险随之出现，引发各国关于数据保护的担忧。各国试图通过强化立法、严密立法等方式将相应风险控制在可容许的范围内。不过，基于数据技术发展程度考虑，各国在数据流动方面所采取的政策并不相同。例如，美国基于其遥遥领先的数据技术优势而不断致力于推动数据的全球自由流动，而以欧盟、俄罗斯等为代表的国家和地区，则采取了与美国截然不同的数据政策，如于 2018 年生效的 GDPR 就被称为史上最严的数据保护立法，俄罗斯于 2013 年"棱镜"事件后，就着手对立法关于公民数据存储与处理的相关内容进行修改，以保护国家安全与互联网数据安全，迄今已初步构建起以《俄罗斯联邦宪法》与已缔约的国际条约为基础的、《俄罗斯联邦关于信息、信息技术和信息保护法》与《俄罗斯联邦个人数据法》为准则的、以其他联邦法律与规范性文件为补充的数据与信息安全法律制度体系。[1]

一、数据权利保护必须受制于国家数据主权原则

数据资源的战略安全意义已成为全球共识。拥有了数据资源，就拥有了更多的话语权，拥有了对他国在舆论、经济甚至政治等方面的影响力。中美贸易冲突、俄乌冲突等一系列国际事件表明，数据不仅正在成为国家冲突中的重要战略资源，而且成为国家冲突的一种新形式。由于迄今为止各国几乎尚未在数据领域达成一致的国际规则，全球数据治理多表现为一些单边、双边和多边的

---

[1] 参见孙祁：《俄罗斯强化数据主权保护》，载《检察风云》2021 年第 8 期。

框架、规则、原则及规范等。虽然这些框架、规则、原则及规范被相关国家接受或适用，但其法律效力仅限于签约国而并不具有全球普适性，因而在国际数据冲突中的作用有限。

与此同时，个别国家基于其数据技术优势力图构建以其为主导的国际数据治理体系，以实现对全球数据的控制权及在数据领域的绝对话语权。以美国为例，据报道，美国智库战略与国际问题研究中心（CSIS）发布《亚太地区的数据治理》（Governing Data in the Asia–Pacific）的报告建议，拜登政府应以 G7、G20、"四方安全对话"等不同形式推动美国主导的数据治理体系，最终形成具有全球共识的数据治理"布雷顿森林体系"。报告认为，虽然在可预见的未来，全球不太可能基于同一的认识而达成一套单一的数据规则体系，但数据孤岛无疑将导致全球数据治理的碎片化并终将损害经济、健康与安全，因而一些"志同道合"的国家可以基于共同的原则和制度，努力促进数据制度的趋同性。报告特别指出，中国将数据视为国家战略资产，为个人和企业隐私数据设定了较高标准且监管广泛而严格。但在亚太地区，美国有几个关于数据治理的工作，可以结合在一起推动这一关键领域并达成全球共识的努力。❶ 这一报告不仅体现了美国数据全球霸权的野心，而且是美国旨在遏制、制约中国数据发展的重要表现。

事实上，早在 2018 年，《美国澄清境外数据合法使用法》即规定，美国政府有权力基于公共安全等理由调取存储于他国境内的数据，但其他国家如若调取存储于美国境内的数据，则必须通过美国政府的审查，且其中包含人权等与数据保护无关的审查标

---

❶ 参见佚名：《美国如何主导全球数据治理的"布雷顿森林体系"？》，https：//user.guancha.cn/main/content？id＝514695，2022–04–10。

准。由于美国在数据资源上的优势地位及因此而产生的平台聚合效应，全球数据天然地向其进行聚集。一些在数据技术方面处于相对弱势的国家已成为事实上的数据附属国，而美国则形成数据资源上的垄断地位，并据此获得战略主动权，可以随时调试数据对他国进行降维打击。基于此，强调、坚持我国数据权利保护应受制于国家数据主权的基本原则就显得尤其重要。

坚持数据权利保护受制于国家数据主权原则，是我国数据战略背景下的必然选择。理由在于：

（1）数据主权是国家主权的重要构成，数据是数据主权的基本构成要素。早在 2012 年 3 月 29 日，美国奥巴马政府就发布了《大数据研究和发展倡议》（Big Data Research and Development Initiative），该倡议将数据定义为"未来的新石油"，认为一个国家拥有的数据规模、活性及解释运用的能力将成为综合国力的重要标志，对数据的占有与控制将成为国家陆权、海权、空权之外的国家核心权力。应当说，这种将数据主权作为国家权力核心构成的论断体现了新技术时代数据之于一国主权安全的重要性。究其原因主要有以下几点：第一，个人数据是形成国家数据库的重要资源，对本国数据的保护、开发与利用是一国不受外部干涉，对本国数据资源进行管理、控制与处理的自主权力，体现的是国家的主权；第二，随着大数据、云计算等技术的发展，爆发式的数据量增长使得数据的生成、存储、收集、分析以及应用等环节，都可能伴随有因信息泄露而危及国家安全的风险，而这种风险则有可能损及国家主权安全；第三，以数据主权为核心诉求，推动建立"共享共治、自有安全"的全球网络安全新秩序，是基于我国亟须建立、完善基础架构与提高收集、分析、应用能力的客观需求，是在全球数据竞争环境下维护中国主权安全的重要举措。

（2）数据主权安全是新时代背景下国家总体安全的必然要求，数据安全是数据主权安全的基本内容。2017年10月18日，习近平总书记在党的十九大报告中指出"中国特色社会主义进入了新时代"，由此锚定中国社会发展的历史方位，意味着中国特色社会主义的道路自信、理论自信、制度自信与文化自信，是中国实现中华民族伟大复兴中国梦的新时代，与此同时，这一历史定位也为解决人类问题提供了中国智慧与中国方案。然而，在面对世界多边主义受到挑战、局部冲突和动荡频发、全球性问题日益严重的外部环境，包括政治安全、国土安全、军事安全、经济安全、文化安全、网络安全在内的新时代国家安全，无一不受到挑战。❶ 这里面既包括传统国家安全，也包括新兴国家安全，数据安全作为网络安全的重要组成部分，在新时代背景下，面临着较之于以往更为艰难的外部环境。个人数据作为国家数据的重要组成部分，尤其是其中的个人敏感数据、保密数据以及能通过分析获得某种规律性信息的规模化个人数据，其安全不仅关乎公民的人身安全与财产安全，在某种程度上更关乎国家安全与社会安全。在全球政治形势诡谲、世界处于百年未有之大变局的当今情势下，对个人数据的保护不应再基于个人权利的片面视角，而应将个人数据权利置于国家数据权力的大框架下并据以构建能够兼顾个人数据权利与国家数据权力的保护体系，这是宏观时代背景下的应然选择。

（3）数据主权是数据权利行使的有效保障，脱离数据主权保护的数据权利将成为无本之木，无源之水。个人数据是基于个人

---

❶ 新时代国家安全包括国土安全，经济安全，科技安全，文化安全，社会安全，生态安全，军事安全，网络、人工智能、数据安全，核安全，生物、太空、深海、极地安全，海外利益安全。参见中共中央宣传部、中央国家安全委员会办公室《总体国家安全观学习纲要》，学习出版社、人民出版社2022年版，第74—127页。

的自然出生或社会活动等而产生的数据,网络技术的发展使得个人数据不可能再由个人进行完全占有、支配与控制。自产生之日起,个人数据就既具有个人属性同时也具有社会属性,个人作为数据主体,与数据的收集者、控制者等均享有对数据的占有权。就一定程度而言,作为数据收集者的国家相关部门、数据企业、其他利用监控设备或者营业便利等获得个人数据的单位、个人等,对个人数据的控制甚至更甚于数据主体本身。这是因为,在数据主体可能并不知情的情况下,其个人数据便被上述收集者与控制者所获取、收集与利用,如房地产公司销售企业通过店内监控获得的个人数据,公安部门、国家安全部门、卫生主管部门、交通运输管理部门等基于职责而在数据主体不知情的情况下获得的关于特定个人的犯罪记录、健康状况、行驶轨迹等数据。在上述数据被域外机构、组织或者个人非法获取的情况下,作为数据主体的个人可能根本无从得知。由此,作为数据主体的个人并不必然会对其已经产生的个人数据有充分的知悉、支配与控制,当然也就不具有足够的维护自己合法数据权利的能力。由于国家间的数据权力竞争、数据保护立场的差异,当大国博弈涉及敏感个人数据或群体性的规模个人数据时,即使作为数据主体的个人知悉其数据可能被侵害,也根本无法通过正常途径维护数据权利。因而,只有将国家数据主权作为个人数据权利保护,才能保障在国家间数据资源竞争、数据跨境流动等情况下,由国家基于数据主权的整体化视角,在强化国家数据安全的总体布局下,有效保障个人的合法数据权利的行使。

二、数据权利保护必须兼顾个人社会责任的履行

合法有效地收集、使用乃至开发个人数据,是大数据背景下

时代发展的需要。公共数据的形成在很大程度上依赖于个人数据的如实、全面提供，这是由政府的社会服务功能决定的，也是以人民为中心、服务于民的政治诉求所决定的。数据主体主动或者被动向社会提供必要的个人数据以满足社会公共安全与公共秩序有效运行的需要，这是大数据时代公民个人社会责任履行的必然要求。

（1）强调个人数据权利保护的同时重视个人社会责任的履行，是大数据时代个人数据安全与个人权益能够得到有效保障的必要条件。理由在于，鉴于个人权限与能力的有限性，由个人对其数据进行全方位的实时保护并不具有可行性。与此同时，数据的社会属性决定了个人数据必然会为公共利益所用，而公共利益的安全维护也能够进一步促使个人数据权利得到实现，任何脱离了公共数据安全的个人数据安全无疑都将具有极大的不确定性。正是由于个人数据权利在一定程度上对公共利益安全的依附性，在涉及公共安全等重大事项时，作为数据权利主体的个人在行使其权利时必须兼顾公共利益需求，作出必要的妥协与让渡。法国学者莱昂内尔·莫雷尔（Lionel Maurel）就个人数据与公共数据利益之间的关系，对目前关于个人数据中公共利益保护的理论研究现状进行了归纳，认为可分为自由软件理论、集体主义理论、共有者理论和公共领域理论等。❶

第一，自由软件理论认为应当将个人数据作为公共物品，由国家进行监管，并鼓励数字经济的发展，否认个人数据的私有属性。考虑到个人数据本身所固有的、承载于其上的个人的人身权

---

❶ See Lionel Maurel, Persinal data and cimmons: a mapping of current theories, 2017. https://blog.p2pfoundation.net/personal-data-cimmons-mapping-current-theoreis/2022/4/28.

益与财产权益，该理论具有一定的偏颇。

第二，集体主义理论认为，应当允许个人数据的共享，重视个人数据的公共利益价值，尤其是当集体利益需要时，个人数据必须全面向集体开放。对个人数据权利的维护，可基于集体行动来实现。集体主义理论在强调个人数据权利的共有性与共享性的同时，也重视了个人数据权利的维护，具有一定的合理性，但其主张通过集体行动维护个人数据权利，虽然为数据权利保护提供了一种基于公共利益视域的路径，但同时也削弱了个人对于自身权利的支配范围。

第三，共有者理论强调个人数据的法律地位并认为应当将个人数据视为公共物品。该理论与自由软件理论具有异曲同工之处，即过于强调个人数据的公共性而忽视了自身所固有的私有属性。

第四，公共领域理论认为应当在法律中明确个人数据的法律地位及权利属性，并强调政府应当组建公共机构对个人数据进行集体控制。公共领域主张通过法律及政府机构保护个人数据权利的问题思路具有一定的合理性与可行性，在强调个人数据公共属性的同时，也给予其私有属性一定的空间，立场客观、实务，应当予以肯定。

上述可知，对于个人数据保护公共利益保护的研究已经成为学界关注的重点问题，研究者都认识到了个人数据权利保护不仅属于个人私权利保护的范畴，而且涉及公共领域、是需要由国家及社会予以监管的公共事务这一基本事实。虽然研究侧重点各有不同，问题思路也有所差异，但在承认个人数据的公共属性以及强调对个人数据权利保护应当提升到国家及社会层面这一问题上，学者们的立场是一致的。这也说明，在关注个人数据权利保护的同时，应当重视个人的社会责任，重视个人数据权利在社会公共利益需要时应采取妥协与退让的姿态。

（2）数据权利主体履行数据社会责任是大数据时代社会秩序正常运行的必然要求。就形式而言，数据权利主体履行数据社会责任的形式主要表现为允许个人数据为实现公共利益而被利用，如国家行政机关为进行行政决策而利用个人数据，公安机关基于维护社会治安、打击犯罪等需要利用个人数据等。例如，《欧盟1995年个人数据保护指南》在导言第34、第35项就规定了各成员国可基于重要的公共利益的目的，对个人的数据权利作出限制。《保加利亚个人数据保护法》第1条第4款规定，为了维护国防、国家安全和公共秩序，可以对个人数据的处理与获得颁布特别法律，由此明确了基于公共利益对个人数据的处理与获得不受个人数据自决权限制的基本原则。《匈牙利个人数据与公共利益数据公开法》第19条第3款也规定，在国防、国家安全、刑事侦查和预防犯罪、国家货币和流通政策、国际关系和国际组织的关系、司法程序等需要时，可以对个人数据权利的行使范围作出限制。❶

个人数据为公共利益被利用，虽然多表现为数据权利的被动让渡，但在利用目的正当性、利用范围合理性、利用方式必要性的限制下，数据主体并不具有拒绝权。换言之，被各国普遍尊重与认可的、主张数据主体对其个人数据享有完全的支配与控制权力的个人数据自决权，在面对公共利益的合理需要时，必然会受到一定的限制。认为"个人数据的公益利用，是建立在对个人数据保护权利优先的基础上，这就意味着，在实现公共利益需要时，个人数据的利用首先要建立在个人数据主

---

❶ 参见汪全胜、卫学芝：《基于公共利益利用视角的个人数据的法律规制》，载《电子知识产权》2019年第12期。

体的同意之上"的观点,❶ 是在前提正确的情形下对个人数据权利与公共数据权力之间关系次序的误读。

理由在于,强调个人数据权利优先是基于"权利优于权力"这一共识性结论的必然结果,但这并不意味着权利在面对权力时具有绝对优先性。防止权力对公民权利的侵害是宪法及相关法律、法规在制定与适用时必须遵循的基本原则,但这并不妨碍在基于重大公共利益需要时权力的必要行使及其对权利可能造成侵害的正当性,而这种基于现行紧迫性或者重大性、保密性需求的公共权力的行使,并不必然以数据主体的同意为前提。例如,在关涉国家安全以及其他重大公共责任事件中,对相关人员个人数据的收集与使用,无须获得数据主体的同意,而在司法机关对违法犯罪案件的调查等涉及社会公共治理的事项中,基于逃避法律责任考虑,要求先取得数据主体同意的权力行使可能根本无法实现。在数据主体本身不具有辨认与控制能力的情况下,基于同意的数据利用同样无法实现。

基于公共利益而收集与处理个人数据的客观需要是数据权利主体履行其数据社会责任的基点,个人利益与公共利益在根本上所具有的一致性与同源性则是其根本依据。"公共利益在形成过程中,过滤掉了个人利益中的任意性、偶然性和特殊性的因素,同时又综合、放大了其中的合理性、必然性和普遍性的成分,使某种普遍合理的利益得以生成和延续"。❷ 在大数据技术成为国家进行社会治理的重要手段与有效方式后,基于公共利益的考量,国

---

❶ 汪全胜、卫学芝:《基于公共利益利用视角的个人数据的法律规制》,载《电子知识产权》2019 年第 12 期。
❷ 转引自高志宏:《个人信息保护的公共利益考量——以应对突发公共卫生事件为视角》,载《东方法学》2022 年第 3 期。

家对数据权利进行限缩以满足总体安全维护、疫情防控、人口普查、打击犯罪等需要,已成为普遍做法。大数据时代的个人数据权利保护,不再以单向的、片面的个人权益维护为唯一目的,而是应将相关各方的复杂利益进行综合考量后,对相关利益进行权衡,以求得这些异质性利益在各种博弈中达到因时、因势状态下的动态平衡。认可、支持基于公共利益的数据需求而限缩数据权利,是大数据时代数据权利主体的社会义务,也是维护其个人数据安全与顺利实现数据权利的前提与基础。

三、数据权利保护必须以保障数据主体的合法权益为核心

数据权利是大数据时代数据主体的基本权利,《个人信息保护法》第 2 条规定:"自然人的个人信息受法律保护,任何组织、个人不得侵害自然人的个人信息权益。"作为前置性法律,该条规定不仅明确了个人数据的法律地位,也为个人数据的刑法保护提供了法律依据,充分保障数据主体的合法权益,是刑法作为底限法对数据权利的最后坚守。

因为较之于国家数据权力与企业数据权力而言的天然弱势性,所以个人数据权利的保护需要更多的法律法规与政策支持,这也是长期以来个人数据权利保护一直为学界及实务界所着重关注的原因之所在。当然,问题在于,作为个人数据权利载体的个人数据本身承载着作为数据主体的个人的人身权益与财产权益,随着数据技术的发展及数据赋能的进一步提升,数据权利在公民个人权利中的占比将极大提升。如何基于大数据发展需要保护公民个人的数据权利,将成为衡量一国现代化法治水平的重要指标,也将成为提升国家治理体系与治理能力现代化的重要步骤。

(1) 加强个人数据权利保护立法,构建、完善数据权利保护

的法律体系。为了更好地保护个人数据权利，我国已出台了专门性法律，即《个人信息保护法》，并将如何规范个人信息的处理活动以平衡数据权利保护与数据合理利用之间的关系、避免数据权力的不当侵害作为核心，以确保在发展数据技术的同时，充分尊重个人数据权利，避免以数据技术发展为名实施数据权利侵害行为的情况发生；提出了个人信息处理的核心原则，为实践中很多新型及疑难案件的解决提供了相应的法律条款；针对由于数据字、智能化及网络化时代数据的自由流动与跨境传输引发的个人数据跨境问题，明确作出规定："在中华人民共和国境外开展数据处理活动，损害中华人民共和国国家安全、公共利益或者公民、组织合法权益的，依法追究法律责任。"另外，《个人信息保护法》中所构建的以"告知—知情—同意"为核心的个人信息处理规则及敏感个人信息认定保护规则等，都为个人数据保护提供了明确而清晰的法律支持。作为我国关于个人数据权利保护的专门性法律，应当说，《个人信息保护法》是迄今为止内容最完整、保护范围最全面的法律规范。

除此之外，《网络安全法》《数据安全法》《全国人民代表大会常务委员会关于加强网络信息保护的决定》《民法典》《消费者权益保护法》《政府信息公开条例》等相关立法中关于个人信息保护的规定，[1] 以及《最高人民法院、最高人民检察院关于办理侵犯公民个人信息刑事案件适用法律若干问题的解释》《最高人民法院关于审理利用信息网络侵害人身权益民事纠纷案件适用法律若干问

---

[1] 如《政府信息公开条例》第 15 条规定："涉及商业秘密、个人隐私等公开会对第三方合法权益造成损害的政府信息，行政机关不得公开。但是，第三方同意公开或者行政机关认为不公开会对公共利益造成重大影响的，予以公开"，就对涉及个人隐私情况下政府信息公开作出限制，以最大限度保护个人数据权利。

题的规定》等司法解释，与《个人信息保护法》一道，构成个人数据权利保护的法律体系。《中华人民共和国宪法》（简称《宪法》）中关于尊重与保障人权的规定，更是作为基本规则，为个人数据权利保护提供了根本性、基础性的立法依据。

随着数据技术的不断发展而可能引发的保护个人数据权利的技术挑战，数据企业基于自身发展需要可能导致的更多权力要求，以及国家基于不断发展的社会治理需要而可能形成的对个人数据的更多支配权与控制权需求，对个人数据权利的保护客观上处于一种动态之中。现有立法体系虽然为个人数据权利保护提供了可资利用的法律依据，但与此同时，由于受到法律本身的滞后性、法律文本含义射程的有限性以及立法技术等因素的影响，在数据技术日新月异致使个人数据的保护范围、保护力度、保护措施、保护效果等可能随着社会治理需要而发生变化的背景下，如何不断完善现有个人数据权利保护体系就显得尤为重要。暂以为，在增设立法、修订立法以完善立法体系的同时，基于立法稳定性与可预性考虑，通过司法解释对相关立法内容进行完善以弥补现有立法的不足，这也是当前情势下为完善数据权利保护立法体系的重要途径之一。

（2）充分考虑前置性法律法规中关于个人数据保护的规定，将具有严重法益侵害性的行为纳入《刑法》规制范畴。"刑法作为所有部门法的后盾与保障，无论是犯罪圈的划定还是刑事责任的追究，既要在形式上受制于其保障的前置法之保护性规则的规定，更要在实质上受制于其与前置之保护性规则共同保障的调整性规则的规定"。❶ 基于法秩序之间的统一性考虑，前置法规范与刑法规范之间不能存在内在矛盾，这就要求犯罪认定必须顾及前置法

---

❶ 田宏杰：《行政犯的法律属性及其责任——兼及定罪机制的重构》，载《法学家》2013年第3期。

的基本态度。❶

　　作为前置性法律,《个人信息保护法》第 71 条"违反本法规定,构成违反治安管理行为的,依法给予治安管理处罚;构成犯罪的,依法追究刑事责任"的规定表明,对于违反《个人信息保护法》相关规定的行为,刑法对其予以类型化规定的,就应当依法追究行为人的刑事责任。由是推之,当行为人实施了违反《个人信息保护法》相关规定的行为且该行为已达到刑事可罚性界限时,如果《刑法》并未对该行为进行类型化规定,基于罪刑法定原则考虑,不得对该行为予以刑事处罚。《刑法》的类型化程度决定了违反前置法的行为是否能够可以进行犯罪认定并处罚。就规范内容而言,《刑法》与作为前置法的《个人信息保护法》保持了法秩序的统一性,但问题在于,作为其他法律的保障法,《刑法》对于违反前置法规定且具有刑事当罚性的行为,应当予以犯罪化规定。这就要求《刑法》在充分考虑前置法所规定违法行为的基础上,基于刑事规范目的的需要,在不超出前置法之保护性规则规定的前提下,对具有当罚性的行为作出尽可能全面的犯罪化规定。

　　例如,《个人信息保护法》《民法典》等前置法将非法使用、加工他人个人数据的行为规定为违法行为,而《刑法》第 253 条在关于侵犯公民个人信息罪的规定中,仅将非法出售、提供或者非法获取公民个人数据的行为纳入《刑法》的规制范畴。在非法使用、加工他人、合法获取后非法使用个人数据且具有严重社会危害性的情况下,刑法是否应追究行为人的刑事责任,❷ 值得

---

❶ 参见周光权:《法秩序统一性原理的实践展开》,载《法治社会》2021 年第 4 期。
❷ 参见刘宪权、何阳阳:《〈个人信息保护法〉视角下侵犯公民个人信息罪要件的调整》,载《华南师范大学学报(社会科学版)》2022 年第 1 期。

研究。客观而言，相比非法获取个人数据的行为而言，合法获取个人数据后非法使用的行为往往也具有较大的社会危害性，非法加工他人数据也往往会造成数据失真而导致国家、公共利益或者公民个人的人身权利或者财产权利被不当侵害。基于《刑法》规范目的性考虑，对侵害个人数据的行为进行规制，旨在保护公民的数据权利，而这些归根结底都是为了保护公民的人身权利。将非法使用、加工或者合法获取后非法使用且具有严重社会危害性的行为纳入《刑法》的规制范畴，符合《刑法》的规范保护目的，也能够更为有效地实现《刑法》与前置法的衔接。

如何在充分考虑《刑法》的规范保护目的的情况下，将相关前置性法律法规规定为具有行政可罚性且其社会危害性已具备刑事可罚性的行为纳入《刑法》，不仅需要刑事立法者从个人数据权利刑法保护的需求出发，对前置性法律法规中的行为进行全面考查与归类，更要基于《刑法》的规制目的与谦抑性考虑，对具有刑事当罚性的行为进行审慎筛选并予以抽象化，以利于刑法立法的类型化、科学化、合理化。与此同时，《刑法》应同时考虑前置性法律法规基于数据技术发展及社会变迁而可能作出的应时性调整，避免因前置性法律法规调整而可能导致的刑法规范的前移。例如，在《刑法》基于前置性法律规定而将某类行为规定为犯罪的情况下，由于情势变更，该前置性法律将该类行为合法化，从而否定了其行政违法性，刑法即面临或者修改立法而影响刑法的稳定性，或者保持原状而使刑法充当了前位法、违背了法的统一性要求，同时悖于客观情状的需求。

（3）在国家数据权力、企业数据权力与个人数据权利发生冲突时充分考虑数据权利的合法权益，避免个人数据权利被不当侵害。较之于个人数据权利而言，无论是国家数据权力抑或是企业数据权力都拥有天然的优势，前者借助于国家公权力、公共安全、社会治理需要等对个人数据进行法律或政策意义上的正当化收集、支配与利用，后者则借助于技术优势、数据技术发展与数据安全等名义，对个人数据进行收集、支配与利用。这是由个人数据的公共属性决定的。但是，基于个人数据来源的个体性，强调个人数据的公共性并不意味着否认个人数据权利保护的相对优先性。因为，个人数据进入社会流通领域，在实然层面当然地具有一定的公共性，但是，这种公共性并非凭空产生，就本质而言，个人数据的公共性仍然是在多数公民的同意授权的基础上汇聚而成。以实然的存在状况代替应然的权利逻辑，实属一种倒果为因的思考方式。❶ 就此而言，国家数据权力与企业数据权力本然地带有基于个人数据权利的权利基因。

在国家基于数据主权与社会重大公共利益安全问题以及企业基于自身发展需要收集、支配、利用数据的场合，国家数据权力与企业数据权力的生成并不完全依赖于作为数据主体的个人的授权，必要情况下依法而获得的强制性权力赋予国家与数据企业以一定的限度收集、支配、利用数据的权力。但应当说明的是，这种依法取得的权力是以一定的边界为限制的，如代表国家的行政机关在依法对公民的个人数据进行收集过程中关于所收集数据的范围、种类、目的、用途以及收集后的公开、储存等，都有明确的规定。数据企业在基于数据技术发展需要或者其他合法目的而利用数据的过程中对数据的匿名化及其程度等，相关法律法

---

❶ 参见王华伟：《数据刑法保护的比较考察与体系建构》，载《比较法研究》2021年第 5 期。

规也都有严格的限制性规定。这充分说明，虽然国家与数据企业可基于合理目的要求个人数据权利作出一定的限度性退让，但这种退让是以保证国家安全、社会发展等必要性为限的。换言之，国家数据权力与企业数据权力仅应限制在基于合理目的使用个人数据的限度内，任何以国家安全、社会发展为名而超越法律法规收集、支配与利用个人数据的行为都应予以谴责与禁止。这是个人数据权利保护题义下的必然结论。

在与国家数据权力与企业数据权力对抗中充分考虑个人数据权利以避免数据权利被不当侵害，还表现在立法者必须基于数据权利相对优先的立场，在包括前置性法律法规，尤其是专门的个人数据保护法律以及与此相关的网络犯罪的法律规定中，充分体现较之于数据权力而言的权利优先性。以此为基点，在个人数据权利保护的立法模式、体系建构以及立法设置的合理性等方面，寻求大数据背景下个人数据权利保护的最优方案。借鉴在个人数据保护方面拥有先进经验的域外立法，如欧盟的 GDPR、《德国联邦数据保护法》、《瑞典数据保护法》等，结合我国现有的法律法规及个人数据保护现状，综合考虑未来数据技术的发展趋势及侵害个人数据权利犯罪的可能态势等因素，可以为刑法惩治侵害个人数据行为提供前置性的法律规范来源，并进一步提供刑法立法的模式选择与立法路径选择。

第二节 数据权利刑法保护的立法模式选择

刑法立法模式是国家立法机关在进行刑事立法时所采取的标

准样式。❶ 作为刑事规范的载体，刑法立法不仅体现着立法者的意志，更是司法者的裁判规范及立法适用对象的行为规范，因而作为立法样式的立法模式的选择，就成为影响刑事制度构建科学性及刑事立法适用合理性的重要因素。就其本质而言，刑法立法模式并无定式，其选择端赖于一国具体的历史传统、现实状况，并且受到国外立法影响。因而刑法立法模式不是形而上的理论逻辑思考的产物，而是基于实践进行选择的结果。

一、刑法立法模式选择的影响因素

1. 立法传统

"传统绝不意味着腐朽、保守；民族性也绝不是劣根性。传统是历史和文化的沉淀，只能更新，不能铲除；失去传统就丧失了民族文化的特点，就失了前进的历史与文化的基础"。❷立法模式作为立法活动的一部分，深受立法传统的影响，而立法传统则深刻反映了国家和民族的立法文化传统。关于这一点，古今中外，概莫如是。

以历史的眼光看，大陆法系国家自古奉行的是法典化的刑法立法模式。大陆法系源自于罗马法，而罗马法本身就具有成文法的传统与特点。从最初的《十二铜表法》到查士丁尼的《国法大全》，再到后来的1791年《法国刑法典》、1871年《德国刑法典》等，深受立法传统影响的大陆法系国家始终恪守了法典化的刑法立法模式。而英美法系国家遵循的是判例型刑法立法模式的传统。虽然受到制定法的影响，尤其是自20世纪以来，制定法进一步增

---

❶ 参见柳忠卫：《刑法立法模式的刑事政策考察》，载《现代法学》2010年第3期。
❷ 张晋藩：《中国法律的传统与近代转型》，法律出版社2005年版，前言。

加，法律的系统化明显加强，[1] 美国的联邦及部分州先后颁行了联邦刑事立法、州刑事立法及行政机关制定的含有法律规范的各种法律文件等系列制定法，但直至今日，法典化仍未真正为美国社会所接受。在美国所见的各种法典并非真正的法典，而是法律编纂，[2] 就此意义而言，判例法的传统根基从未被动摇。

我国传统法律文化中历来就有"法典情结"，从远古的吕刑、法经、刑鼎，到秦汉隋唐宋元明清历朝历代几十部以刑为主的成文法典，再到清末"变法修律"引入大陆法系的成文刑法典，法典化传统几乎牢不可破。[3] 新中国成立后，虽然彻底废除了国民党时期的旧法统，但1979年《刑法》与1997年《刑法》仍采用了法典化的立法传统。基于社会发展与刑事治理的需要，1979年《刑法》颁布后，又陆续出台了24个单行刑法与107个附属刑法。[4] 1997年《刑法》颁布后，1998年12月29日，全国人民代表大会常务委员会通过了《全国人民代表大会常务委员会关于惩治骗购外汇、逃汇和非法买卖外汇犯罪的决定》这一单行刑法，以及12个刑法修正案。这种以《刑法》为主、以单行刑法与附属刑法为辅助的立法模式，既有利于《刑法》的稳定，又能使《刑法》对变动不居的社会生活予以及时、有效回应，保证了《刑法》社会性功能的发挥。采用法典化的立法模式已经成为我国刑法立法模式的不二选择，虽然在关于采用统一的法典化模式还是以法

---

[1] 参见林榕年、叶秋华：《外国法制史》，中国人民大学出版社2017年版，第140—145页。
[2] 参见卢建平：《刑法法源与刑事立法模式》，载《环球法律评论》2018年第6期。
[3] 参见卢建平：《刑法法源与刑事立法模式》，载《环球法律评论》2018年第6期。
[4] 参见高铭暄：《中华人民共和国刑法的孕育诞生和发展完善》，北京大学出版社2012年版，前言第3页。

典为主的多元化立法模式等方面存在争议，❶但在刑法立法应当法典化这一问题上，学界与实务界都已形成共识。

2. 刑事政策

就内涵而言，刑法立法模式的选择是刑法立法政策的内容之一。❷刑事政策与刑法立法模式密切相关，不仅表现为刑事政策直接决定着刑法立法模式的选择，而且表现为刑事政策通过刑法规范的内容制定与司法活动，间接影响着刑法立法的模式选择。

以我国现行宽严相济的刑事政策为例。在宽严相济刑事政策指导下，我国现行《刑法》多次进行修正，如《中华人民共和国刑法修正案（八）》（简称《刑法修正案（八）》）中对未成年人犯罪与老年人犯罪从宽处罚的规定，对坦白从宽的规定，以及对缓刑、减刑与假释制度的规定，《刑法修正案（九）》中关于公民人身权利保护的规定、关于死刑罪名减少的规定等，都体现了刑事政策中"宽"的要求。而《刑法修正案（九）》关于增设恐怖主义犯罪罪名、严格刑罚惩治等规定，则都体现了"严"的一面。刑法修正案作为完善《刑法》的立法模式之一，近年来为我国刑法立法所推崇，但可以预见的是，随着我国犯罪客观态势的变化

---

❶ 关于我国刑法立法应当采用何种法典化模式，学界历来存在争议，如赵秉志、时延安等坚持统一法典化的立法模式，梁根林、柳忠卫等坚持刑法典与附属刑法或者单行刑法并行的二元模式（梁根林：《刑法修正：维度、策略、评价与反思》，载《法学研究》2017年第2期；柳忠卫：《刑法立法模式的刑事政策考察》，载《现代法学》2010年第3期）。张明楷、卢建平、童德华等认为应当采用包括刑法典、单行刑法、附属刑法在内的多元模式（张明楷：《刑事立法的发展方向》，载《中国法学》2006年第4期；卢建平：《刑法法源与刑事立法模式》，载《环球法律评论》2018年第6期；童德华：《我国刑法立法模式反思》，载《法商研究》2017年第6期）。

❷ 赵秉志、袁彬：《当代中国刑法立法模式的演进与选择》，载《法治现代化研究》2021年第6期。

及因此而可能引发的刑事政策转变，通过刑法修正案频繁修法难免会破坏法典的稳定性，是否采用其他立法模式就值得研究。

刑事政策对司法的制约与指导主要表现在通过司法解释、相关文件等形式，对司法适用产生影响。例如，在2018年开始的扫黑除恶专项斗争中，最高人民法院、最高人民检察院、公安部、司法部联合发布《关于办理黑恶势力犯罪案件若干问题的指导意见》（法发〔2018〕1号），其中指出要加大对黑恶势力犯罪以及"保护伞"的惩处力度，正确把握"打早打小"与"打准打实"之间的关系等，中共中央、国务院也下发《关于开展扫黑除恶专项斗争的通知》，指出要在对黑社会性质组织犯罪组织者、领导者、骨干成员及其"保护伞"依法从严惩处的同时，对犯罪的其他参加人员依法从轻、减轻处罚。作为对立法的适用与践行，刑事司法为刑事立法积累了极其重要的实践依据，随着刑事政策对刑事司法的进一步影响，这种通过刑事司法而间接作用于刑事立法的影响力，将反推刑事立法活动。在客观情势复杂或者其他需要特别进行立法的情况下，也就当然会影响刑法立法模式的选择。

一般而言，《刑法》法典作为我国刑法立法的主要模式，其体例编排、罪刑设计等主要反映的是国家的基本刑事政策。究其原因，基本刑事政策是国家在一定时间内针对犯罪的基本应对策略的宏观指导，需要具有一定的长期性与稳定性，而这也与《刑法》本身基于可预性考虑而需要具有的稳定性相一致。作为特别刑法立法模式的单行刑法与附属刑法，则是在具体刑事政策发生变化的情况下，根据犯罪的发生、发展机制所作的应变性刑事立法。例如，在新型犯罪出现、某种犯罪的犯罪率迅速上升且危害较大而现有罪名体系与刑罚体系又无法容纳或者无法进行有效惩治的情况下，基于具体刑事政策的考虑，需要对罪刑体系进行修正，而频繁修改《刑法》又有损法典的可预见性与威慑性，如此种种，特别刑法立法模式就成为刑事政策下刑法立法的最佳模式选择。

3. 犯罪态势

就客观而言，犯罪态势是影响刑法立法模式的重要因素之一。《刑法》的功能在于预防与惩治犯罪，因而可以说，《刑法》的价值就在于能够有效地回应规制犯罪的需求。《刑法》的制定、修改与废除不是基于立法喜好，而是基于现实存在的犯罪态势，立法者必须充分考虑客观犯罪的现状与发展规律，制定相应的刑法规范以实现有效预防与惩治。在此过程中，立法者必须选择借以表明刑法规范的立法模式，而这一选择往往具有一定的功利主义色彩。也就是说，按照功利主义的要求，行为的后果或者遵循某种行为规则的后果是否有助于当事人功利的最大化，以此作为该行为或者行为规则是否具备有用性的判断标准。由此可知，能够将立法者意欲确立的规范以简明而准确的方式表达出来，并以此实现立法对犯罪的有效预防与惩治的立法模式，就成为立法者权衡客观情势后的功利性选择。

如果在一定时期内犯罪态势相对平衡，犯罪的质和量不会有太大的波动，那么对于《刑法》而言，就没有必要作出过大的调整以弥补因立法的稳定性与客观情势变化而可能导致的立法过于滞后的缺陷，因而在这种情况下，统一的刑法法典模式因结构完整、形式统一、逻辑严谨而能够克服立法分散导致的立法混乱、立法冲突、立法重叠等缺陷，从而被立法者所推崇。但是，如果在一定时期内犯罪态势不稳，如因为社会治理政策的重大转变等而导致犯罪激增，或者社会经济发展过快或者后退而导致贫富差距加大或者部分社会成员社会地位变化较大而引发心理失衡、生活水平变化过大，以及一些新兴技术快速发展引发各种新兴犯罪等,如此种种,犯罪的质与量都可能因客观情势变化而发生变化。

要实现对犯罪的有效预防与规制,就需要对刑法规范进行不断修正以适应变动不居的犯罪态势,而频繁修正《刑法》无疑不仅有损《刑法》的稳定,妨碍其威慑功能的发挥,严格的修法程序也不符合立法的效率原则。此时,对于立法者而言,特别刑法模式就会受到重视,以《刑法》法典为主、以附属刑法与单行刑法等特别刑法为辅的多元化立法模式,就成为因应客观情势的最优方案。

以我国刑法立法为例,1979年《刑法》颁布后,我国经历了从计划经济模式转变为市场经济模式的社会经济的重大变革,不仅经济迅速发展,市场经济模式下各种经营理念、经营模式迅速涌出并深刻影响了整个经济结构的方方面面,而且人们的思想观念也随着改革开放的层层推进而发生了很大的变化,多种因素叠加,犯罪结构发生变化,投机倒把罪等计划经济所否定的部分经济形式获得肯定并受到鼓励,而新型经济不法行为如虚报注册资本,虚假出资、抽逃出资、操纵证券、期货市场,欺诈发行证券等因市场经济而附随产生的新兴犯罪大量出现,迫切需要《刑法》作出应对。为了有效打击犯罪,单行刑法、附属刑法成为我国当时刑事立法的模式选择。

4. 立法技术

关于何谓立法技术,学界并未形成通识,如我国台湾学者罗成典主张,立法技术是"依照一定之体例,遵循一定之格式,运用妥帖之词语,以显现立法原则,并使立法原则或国家政策转换为具体法律条文之过程"。❶ 吴大英等则认为,广义的立法技术包括规定立法机关组织形式的规则,规定立法程序的规则,以及关

---

❶ 罗成典:《立法技术论》,台湾文笙书局1983年版,第1页。

于法律的内部结构和外部形式、法律的修改和废止的方法、法律的文体、法律的系统化方法等方面的规则,而狭义的立法技术则仅指第三类规则。❶ 虽然切入视角不同,但上述观点都认为,立法技术应当是为达成立法目的,将立法意志予以固定化、成文化的规则体系。

立法技术因立法而存在,是为解决特定问题的技巧与方法。立法模式作为立法者为准确、系统地表达其立法意图而采用的立法结构,是立法技术的重要表现。我国刑法立法所采用的以《刑法》法典为主、以附属刑法与单行刑法为辅的立法模式表明,就本意而言,立法者在对刑法规范进行系统梳理与缜密构设后,试图通过一部统一的法典予以容纳。然而,由于《刑法》法典在结构上所具有的封闭性,《刑法》很难对基于社会发展而新出现的各种违法犯罪行为予以及时回应,为此,允许以附属刑法或者单行刑法的方式作为补充,完善《刑法》的回应性功能,就成了立法者的选择。

《刑法》法典中相对固定的结构形式,也是附属刑法与单行刑法得以存在的重要原因。1979 年《刑法》与 1997 年《刑法》都采用的是编、章、节、条、款、项等层次结构,其优点在于结构清晰、逻辑严谨,但这种强固定性的内部结构也使得《刑法》修改面临着一定的技术困难。这主要表现为:①立法者如果要在原条文结构的基础上删除某一条文,则面临"开天窗"式的立法空白,否则就会引发《刑法》条文结构的大变动,极大地破坏《刑法》的稳定性,如随着我国逐步废除死刑政策的推行,1997 年《刑法》中第 199 条关于部分金融诈骗罪的死刑规定被废除,第 199 条成为

---

❶ 吴大英等:《比较立法制度》,群众出版社 1992 年版,第 629 页。

空白。②对于需要在原条文基础上增设罪刑规定的，为了保持《刑法》的基本结构、不打乱原有法条序号，就只能在原有法条基础上，以"之一""之二"等表述方式增设规范，且这种模式已成为目前我国《刑法》常用的修法模式。以《刑法》第120条组织、领导、参加恐怖罪为例，为适应国家打击恐怖犯罪需要，立法者已经在该条增设了6项罪名，由此出现《刑法》第120条、第120条之一至第120条之六的超容量法条规范。❶ 无论是"开天窗"式的空白修法还是以"之一""之二"等作为增设模式的修法方式，都一定程度损害了《刑法》法典结构的完整性、严谨性、系统性。尤其是，将某一类立法附着于某一法条之后的增设模式，使得为避免刑法体系臃杂、涵涉不足而具有独立价值的附属刑法与单行刑法显得尤为重要。

二、我国数据权利刑法保护的模式选择

"关于刑法立法模式的探讨，实质上并非仅仅是有关优化刑法立法体制的争论，更是刑罚观念进化中的一道涟漪"。❷ 数据权利保护刑法立法模式的选择，其核心不仅在于数据权利保护立法如何适应我国刑法立法的总体需要，更在于如何适应社会发展的急剧变化、新问题的不断出现以及数据利益分配过程中行为脱序的现象。

随着数据技术的飞速发展，大数据无论就其种类、规模还是被应用的方式、范围等都在不断变动之中，数据权利保护也因此

---

❶ 参见赵秉志、袁彬：《当代中国刑法立法模式的演进与选择》，载《法治现代化研究》2021年第6期。
❷ 时延安：《刑法立法模式的选择及对犯罪圈扩张的控制》，载《法学杂志》2013年第4期。

而面临更大的困难与挑战，这就需要立法者在考虑现实因素与技术因素的情况下，根据目前数据技术的发展、数据权利面临的威胁及侵害数据权利犯罪未来可能的发展趋势，充分发挥立法智慧，选择符合我国国情的立法模式。

实现对数据权利的刑法保护，是以刑法规范的形式对侵害数据权利的行为进行刑事规制，这就决定了立法者在选择立法模式时，必须以我国刑法的惯常立法模式为前提。如前所述，虽然存在采用统一法典化模式还是多元化立法模式之争，但就立法现状而言，以《刑法》法典为主、以附属刑法与单行刑法为辅的立法模式仍是我国刑法立法的客观选择，且自《全国人民代表大会常务委员会关于惩治骗购外汇、逃汇和非法买卖外汇犯罪的决定》这一单行刑法颁布后，再无单行刑法出台，对刑法规范的修正、增设与删减等，均采用刑法修正案方式。与此同时，大量附属刑法规范也普遍存在，成为刑法立法体系的重要组成部分。

数据技术发展实质上呈现的是一个数据空间从封闭走向开放的过程，使得各利益主体更为多元化，数据风险也随之增大。数据保护刑法立法模式的选择，应当体现因数据技术发展而引发的社会发展趋势的需要，立法模式的多元化不仅有助于刑事政策的体现、刑事立法的协调，也有利于刑法稳定性的发挥及罪刑规范的设置得当。以《刑法》法典为主、将侵害数据权利的罪刑规定在《刑法》中，应当成为数据刑法保护的主要立法模式，如现行《刑法》第253条之一规定的侵犯公民个人信息罪，就是通过刑法修正案的方式，将侵犯个人信息的行为囊括在《刑法》法典中。《个人信息保护法》《数据安全法》《网络安全法》等附属刑法规范的出台，也有效地回应了数据技术发展过程中刑法规制数据犯罪的客观需求。

对于认为附属刑法在现今刑事立法体系中存在内容空泛、适用困难,体系分散、适用有限,缺乏协调、适用虚无的观点,❶ 应当看到的是,统一刑法模式无法有效发挥《刑法》的刑事政策功能,单一化立法也不能适应急剧发展的数据技术所引发的规制数据权利风险的需要。刑法修正案作为完善刑法规范、回应犯罪规制需要的手段之一,频繁修法不仅不利于刑法的可预见性,而且有损刑法体系结构的稳定性与严谨性,尤其是当某一种具有刑罚当罚性的行为所侵犯的是新型法益时,原有立法中的罪名体系无法进行涵摄,采用修正案的立法模式难免捉襟见肘。附属刑法规范则能较好地解决这一难题,其对犯罪反应的灵活性能够保证《刑法》的适应性、及时性及威慑性。目前大量存在的附属刑法规范较好地印证了这一点。同时,由于我国在 1998 年全国人民代表大会常务委员会出台《全国人民代表大会常务委员会关于惩治骗购外汇、逃汇和非法买卖外汇犯罪的决定》后的 20 多年时间里再无单行刑法出台,且《个人信息保护法》《数据安全法》《网络安全法》等附属刑法能够较好地满足规制数据犯罪的需要,基于立法传统及现实需求考虑,暂以为,数据权利刑法保护立法目前不宜采用单行刑法的立法模式。

第三节 数据权利刑法保护的具体思路构设

一、关注数据整体安全,防止片面强调个人数据权利保护的单项立法

长期以来,我国在个人数据权利保护方面的研究,基本都遵

---

❶ 参见张敬博:《社会变迁、刑法发展与立法模式变革研讨会综述》,载《人民检察》2010 年第 3 期。

循了从私权视角寻求相应法律对策的思路,而"我国现行的法律框架显然采取的是优先保护国家与社会利益的价值立场。对于数据主体的个人信息权,只有在不影响科技产业与数据经济的发展,不危及社会秩序稳定的前提下,才有可能得到有限度的保护"。❶ 这种学理研究与立法导向之间的抵牾,导致了个人数据权利刑法保护的立场争议。值得肯定的是,随着对个人数据的数据属性及其在社会进步、经济发展与国家安全等领域的战略价值的进一步认识,越来越多的学者开始关注并重视个人数据的社会属性,提出并倡导基于社会整体保护视角的社会控制论,❷ 学理研究与现行立法在个人数据权利保护的立场选择上逐步趋于一致,并影响、引导立法趋于完善。以社会控制论为前提构建个人数据权利保护体系,必须在对个人数据权利予以有效保护的前提下,兼顾数据技术发展与国家整体安全需要,增补、修正、重塑个人数据权利保护的相关条款。

1. 明确刑法保护的"个人数据"的范围

关于何为个人数据,《刑法》与其他刑法规范并未作出规定。《刑法》第253条之一关于侵犯公民个人信息罪的罪状描述也只涉及行为类型,因而对于何为"个人数据"或者"个人信息",只能借鉴于其他前置性法律法规的相关规定,其中以《民法典》和《信息安全技术 个人信息安全规范》中关于"个人信息"的规定最具代表性。

---

❶ 劳东燕:《个人数据的刑法保护模式》,载《比较法研究》2020年第5期。
❷ 参见吴沈括:《个人信息保护的规范趋势:走向客观综合主义保护》,载《中国信息安全》2018年第3期;欧阳本祺:《侵犯公民个人信息罪的法益重构:从私法权利回归公法权利》,载《比较法研究》2021年第3期;丁晓东:《数据到底属于谁?——从网络爬虫看平台数据权属与数据保护》,载《华东政法大学学报》2019年第5期等。

(1)《民法典》中关于"个人信息"的规定，详见于《民法典》第1034条，即个人信息"是以电子或者其他方式记录的能够单独或者与其他信息结合识别特定自然人的各种信息，包括自然人的姓名、出生日期、身份证件号码、生物识别信息、住址、电话号码、电子邮箱、健康信息、行踪信息等"。根据该条规定，个人信息是能够据此独立识别特定自然人，或者通过与其他信息关联而识别特定自然人的信息。个人信息具有强烈的人身从属性，所有与特定自然人相关的信息，只要能够识别特定自然人身份，就属于个人信息。

(2)《信息安全技术 个人信息安全规范》关于个人信息的规定。该规范在"3.1 个人信息"款中关于个人信息的规定，与《民法典》第1034条的规定基本一致，但在"注1"中增加了账号密码、财产信息、征信信息、住宿信息、健康生理信息、交易信息等的规定，更为全面地对个人信息进行了描述。在"注3"中规定："个人信息控制者通过个人信息或其他信息加工处理后形成的信息，例如，用户画像或特征标签，能够单独或者与其他信息结合识别特定自然人身份或者反映特定自然人活动情况的，属于个人信息。"这进一步拓展了个人信息的范畴，将加工处理过的二次信息也作为个人信息的内容。另外，关于"注2"中个人信息的判定方法与类型的规定，附录A进行了详细展开，分别对个人基本资料、个人身份信息、个人生物识别信息、网络身份标识信息、个人健康生理信息、个人教育工作信息、个人财产信息、个人通信信息、联系人信息、个人上网记录、个人常用设备信息、个人位置信息等内容进行了概括式的详细列举，对婚史、宗教信仰、性取向、未公开的违法犯罪记录等其他信息也进行了规定，❶ 由此进一步补充了《民法典》关于个人信息的规定。

《刑法》作为所有部门法的保障法，无论是犯罪圈的划定还是刑事责任的追究，在一定程度上都受制于其保障的前置法中关于保护性规范的规定。虽然"前置法定性刑法定量"❷ 的观点因忽视了刑法自身保护规范的独立性判断而稍显绝对，但《刑法》和前置法都必须维护法秩序的统一却是必须坚持的原理。就规范意义而言，虽然前置法所保护的未必会得到刑法的保护，但前置法未予认可的、所禁止的则必然会为刑法所否定，这是由《刑法》保障法的地位决定的。《民法典》《信息安全技术 个人信息安全规范》等前置性法律法规中关于个人信息的规定，可以为《刑法》惩处侵犯公民个人数据的相关犯罪提供基础的概念借鉴，但究竟哪些类型的个人数据能够成为刑法的保护对象，仍应根据刑法规范保护的独立性判断，在对数据的种类、数据的敏感程度、规模数据可能引发的危害性程度等方面进行类型化预估的前提下，作出合目的性的判断结论。

对于刑法规范意义上个人数据的保护范围，应当基于以下问题展开：

（1）在个人数据的立法模式方面，应当充分考虑《刑法》的强制法性质。这种强制性表现为其威慑力不仅源于对财产、自由

---

❶ 根据附录 A 规定，①个人信息的判定应基于两条路径：一是识别，即从信息到个人，由信息本身的特殊性识别出特定自然人，个人信息应有助于识别出特定个人；二是关联，即从个人到信息，如已知特定自然人，由该特定自然人在其他活动中产生的信息即为个人信息。②个人信息的类型大致可分为个人基本资料、身份信息、生物识别信息、网络身份标识信息、健康生理信息、教育工作信息、财产信息、通信信息、联系人信息、上网记录、常用设备信息、位置信息以及婚史、宗教信仰、性取向、未公开的违法犯罪记录等其他信息。

❷ 田宏杰：《知识转型与教义坚守：行政刑法几个基本问题研究》，载《政法论坛》2018 年第 6 期。

乃至生命的强制性剥夺，也源于因法稳定性而带来的民众对自身行为后果的可预见性，以及因此而形成的《刑法》在民众心里的威权感与敬畏感。考虑到附属刑法所具有的较强的专业性及对客观需求的适应性、能够关注到在所属行政法领域内的违法犯罪行为而具有的体系性、较之于刑法典而言更强的预防特定行业领域犯罪的规范警示功能，以及更有利于司法工作人员在司法实践中对具有特定专业性犯罪的准确把握、更有利于社会公众对特定领域犯罪的整体性认识及因此而更有利于《刑法》一般预防功能的发挥，立法者应当尽可能采用附属刑法的方式，对个人数据的保护范围作出明确规定，以避免因《刑法》频繁修正而可能导致的诸如《刑法》稳定性与可预见性降低、体系结构受损、威慑力降低等负面效应。

（2）在个人数据的界定方面，《刑法》应充分考虑新技术发展可能引发的个人数据的不断变化，包括数据的范围、存在形式、附属价值、规模数据的效力等。例如，数据技术可能会使得原本属于他人或其他组织的数据通过各种复杂关联而与某一特定主体产生关系，并由此识别出该特定主体的身份。这种能够识别出特定主体的他人或其他组织的数据成为个人数据的间接关联数据。由此产生的问题是，在目前《民法典》等前置性规范将个人数据定义为个人直接数据的情况下，《刑法》是否应有所预见，在立法中扩大个人数据的范围。另外，数据技术的迅速发展也可能使数据的存在形式发生变化，如随着人脸识别技术的进步，个人的面部特征也成为数据，公民个人的各种生理数据如声音、毛发、皮肤等以各种方式所表现出来的任何内容，都可能成为个人数据。此外，这些数据也可能不再仅存在于各种有形的存储器或者存储介质中，而是以某种虽然未予储存但能够通过特定技术随时获取的状态存在。《刑法》面临的问题在于，应否以及如何对个人数据作出前瞻性规定。

《刑法》的稳定性是保证其权威性的重要因素之一，在不涉及规范根本性变动的情况下，尽可能保持《刑法》的稳定性，是立法者秉持的基本原则。这就要求刑法立法要具有一定的概括性、抽象性，能够以最大的涵摄度来保障在客观情势变动不居情况下《刑法》的尽可能性稳定。因此，暂以为《刑法》在关于个人数据的界定上，应避免采用单一列举式的立法模式，可借鉴《民法典》关于个人信息（数据）的规定，采用"列举＋概括"式的立法模式。同时，为了给立法解释与司法适用提供更为明确的指引，可以对个人数据采用类型化描述的方式进行规定，以便于准确指示列举式规定中的数据特征，并据此对概括性规定部分进行合目的性解释。对于因数据技术发展而可能引发的个人数据的扩展，可以在《刑法》之外，以附属刑法的方式，对个人数据的含义作出合时势性的进一步规定，在维护《刑法》稳定性的同时，满足刑法对因客观情势发展而导致的规范回应性需求。

（3）在个人数据刑法保护的必要性方面，还要充分考虑到个人数据本身的价值。一般而言，身份证号、个人生物识别信息、银行账户、通信记录和内容、财产信息、征信信息、行踪轨迹、信宿信息、健康生理信息、交易信息、以及14岁以下（含）儿童的个人信息等属于敏感个人数据。❶ 若部分国家机关工作人员、重要技术领域、商业领域等的工作人员的个人数据的泄露可能危害到国家安全、社会安全或者商业安全的，其个人数据就成为关键数据。较之于一般性个人数据，这些敏感个人数据与关键个人

---

❶ 参见《信息安全技术 个人信息安全规范》"3.2 个人敏感信息"相关规定。

数据具有更高的刑法保护价值，对于侵害敏感个人数据与关键个人数据的行为，《刑法》也应按照数据本身所涉法益的重要程度，予以较高级别的保护规定。进言之，对于敏感个人数据与关键个人数据，《刑法》在入罪门槛上应当予以降低，如数据的规模、数据的范围、侵害的程度、侵害的方式等，都应作出特别性规定。

对于一般性个人数据而言，其单个数据的价值相对有限，因而是否要对单个个人数据进行刑法保护，必须将其置于与其他关联数据相结合的语境下进行判断。首先，单个的个人数据是否需要进行刑法保护，需要将之与数据主体的其他数据相结合，进行保护必要性的判断。例如，对于普通公民身高数据的非法获取，一般情况下就缺乏刑罚处罚的必要性，但如果该项数据是行为人非法获取数据主体个人数据的一部分，行为人获得数据主体的身高数据外，结合体重、面部特征等，能够对数据主体是否为其犯罪对象作出较为准确的判断，并以此进实施犯罪行为，则身高数据无疑应当成为《刑法》的保护对象。其次，单个个人数据刑法保护的必要性，也与数据的规模相关。在大数据背景下，规模化的个人一般数据往往具有不可估量的经济价值与安全价值，如行动轨迹等单个的个人数据的价值往往有限，除了意欲对数据主体实施不法行为的情况外，行动轨迹的获取可能并不具有刑法层面的意义。但如果非法获取某一时段某一特定群体的行动轨迹，并据此进行分析，则可能对该群体甚至该国的某项重要决策、重要事项等作出判断，威胁到社会安全与国家安全。因而立法者不仅要考虑特定情况下个人数据的单项数据价值，也要考虑个人数据的综合价值，在《刑法》或者附属刑法中区别不同情况，在予以类型化规定的同时，尽可能周详地界定个人数据的保护范围。

2. 明确"以国家数据论"的个人数据范围

作为一种立法技术，刑法拟制是刑法立法基于某种立法目的性以及便宜性考虑而采用的一种立法技术，"旨在赋予虚构事实与类型化的原事实以相同的法律效果，以契合刑事政策之需或弥补立法技术之力所不及"。❶ 在我国现行《刑法》中，立法拟制被普遍应用于总则与分则的相关规定中。例如，《刑法》总则中第91条第2款规定："在国家机关、国有公司、企业、集体企业和人民团体管理、使用或者运输中的私人财产，以公共财产论。"该条款将在特定管理、使用与运输情况下的私人财产拟制为公共财产。《刑法》第93条第2款规定："国有公司、企业、事业单位、人民团体中从事公务的人员和国家机关、国有公司、企业、事业单位委派到非国有公司、企业、事业单位、社会团体从事公务的人员，以及其他依照法律从事公务的人员，以国家工作人员论。"该条款将依照法律从事公务的非国家工作人员拟制为国家工作人员。分则中《刑法》第267条第2款关于"携带凶器抢夺的，依照本法第二百六十三条的规定定罪处罚"的规定将具有特定加重情节（携带凶器）的抢夺行为拟制为抢劫。虽然《刑法》拟制"这种决断性虚构仍难免虚置原犯罪构成、违背实质的罪刑法定、强调社会保护等有违实质正义缺陷"，❷ 但是，在我国《刑法》仍将其作为一种重要立法模式的当下，基于限制论的立场，在必要情况下谨慎采用拟制立法，仍是不得已的现实选择。

个人作为社会群体的一部分，其数据在一定程度上也是个人

---

❶ 李凤梅：《刑法立法拟制研究》，载《北京师范大学学报（社会科学版）》2013年第4期。

❷ 李凤梅：《刑法立法拟制研究》，载《北京师范大学学报》（社会科学版）2013年第4期。

在群体生活中的反映,因而在对规模性个人数据或者关键个人数据进行分析的基础上,往往能研判得出一定时期内相应群体的活动状态,国家在某一阶段的社会政策甚至某些关系国家安全的重大决策。就此而言,个人数据不仅是个人所有的数据,也是其所处国家的国家数据的一部分。就其属性分层而言,除关键个人数据等特殊情况外,个人数据的个人属性无疑应居于优先地位,社会属性与国家属性应居其次,因而对个人数据的保护,除了基于个人层面的权利保护之外,也应当赋予特定情况下的个人数据以国家数据的法律属性。就此而言,采用刑法立法拟制的方式对特定情况下的个人数据"以国家数据论",从国家安全的角度实现对个人数据的特殊保护,在国际局势愈加复杂、国家安全日益重要的当前情势下,就成为必要。

将特定情况下的个人数据拟制为国家数据并加以保护,就需要刑法在立法层面明确"以国家数据论"的个人数据的范围,具体包括:

(1) 特定人员个人数据的保护范围。其中既包括涉密人员的个人数据,也包括特定情况下虽非涉密人员,但其部分个人数据可能影响到个人安全的数据。涉密人员的个人数据应当仅以可能影响特定国家安全为限,包括生活数据,也包括工作数据、个人的生理数据等。特定情况下的非涉密人员以"国家数据论"的个人数据,应当根据具体情况明确保护范围,刑法立法宜采取概括性规定,关于"特定情况"的具体内涵及所涉数据的具体范围,由附属刑法作出详细规定。

(2) 普通个人的一般数据。对于非特定情况下的一般个人数据,原则上应作个人数据保护,但是在规模性个人数据可能影响国家安全与社会安全的情况下,则应对个人数据的范围作出规定,以明确刑法的保护范围。例如，某个地区或者某类人群的海量身高数据、脸部数据、肤色等，一般情况下不可能涉及国家安全与社会安全，但海量的行动轨迹、联系方式、生活习惯、血液成分等数据，如果被非法收集并加以分析运用，则大概率会影响国家安全与社会安全。基于刑法立法的抽象性要求及个人数据种类的多样性，刑法立法应当对可能危及国家安全与社会安全的一般个人数据的种类作"列举＋概括"式的混合规定，弹性明确应予特殊保护的一般个人数据的范围。另外，刑法立法也可以采用明确应予"国家数据论"的个人数据的认定条件的方式，对可能影响国家安全与社会安全的规模性个人数据的认定条件作出规定，凡是符合所列条件的一般个人数据，即可认定为"国家数据"。

与此同时，刑法立法应当明确规定，对侵犯上述数据的行为，适用《刑法》第111条为境外窃取、刺探、收买、非法提供国家秘密、情报罪，《刑法》第282条非法获取国家秘密罪，《刑法》第398条及第308条之一所规定的故意泄露国家秘密罪、过失泄露国家秘密罪等论处。

3. 明确基于社会公共利益需要的数据利用原则

就文义而言，公共利益是"公共"的"利益"，指一定范围内所有人生存、发展所需要的具有公共效用的资源和条件。相对于个体利益而言，公共利益具有一定的不确定性，主要表现为两个方面：一是"公共"本身的不确定性，即作为利益受众的共同体成员本身的不确定性；二是"利益"本身的不确定性，利益作为某个特定的、对主体具有意义且为主体或者其他评价者所承认的益处，本身就具有一定的抽象性，因而现代社会大多将"公共利益"视为一个实证化的概念，只要为共同体中的大多数人有益并通过法律的形式加以确定的，都认为是公共利益。当然，除此之外的为社会成员所广泛接受并认为是对社会发展有益的，也可以根据具体情况将其认定为公共利益。就此而言，公共利益的范围并非确定，是可随社会需要、发展需要等予以调整的。但总而言之，公共利益是公民普遍享有的基础利益，是发生冲突的利益之间进行比较的结果，❶关于这一点，则是可以确定的。

基于数据兼具个人属性与公共属性考虑，《刑法》要保护个人的数据权利，就难免会与数据同时也为公共利益需要这一点发生冲突。虽然公共利益与个人利益相互依存、相互促进，但公共利益的实现往往以个人利益的减损为代价，两者之间存在着对立统一关系。因而在解决公共利益与个人利益的冲突中，单纯的个人主义或者社群主义都不利于社会的健康发展，权衡受保护法益的增益程度与受损害法益的减损程度的比例原则被认为具有相对合理性。❷《刑法》对个人数据权利的保护，也需要将个人数据权利与具体情况下的公共数据利益进行权衡与比较。换言之，《刑法》需要根据特定情况下公共数据利益的重要程度，决定对个人数据权利的保护程度。暂以为，对公共数据利益优先性的考量，可明确若干原则，而除此之外的个人数据利用，则应当优先考虑个人数据权利保护的需要。

（1）在涉及重大公共利益的场合，应当基于公共利益豁免原则，允许基于合法目的的使用个人数据的行为。重大公共利益是指涉及不确定多数人的生存、发展的重大利益，重大公共利益的受损不仅包括严重危及不确定多数人的利益，而且包括严重影响

---

❶ 参见刘太刚：《公共利益法治论——基于需求溢出理论的分析》，载《法学家》2011年第6期。
❷ 参见［德］拉伦茨：《法学方法论》，陈爱娥译，台湾五南图书出版有限公司1997年版，第319—320页。

社会的生存与发展利益。在重大公共利益受损的情况下，作为数据权利主体的个人的利益也将受到影响。也正是基于对重大公共利益有效保护的考虑，我国《数据安全法》第21条第2款规定："关系国家安全、国民经济命脉、重要民生、重大公共利益等数据属于国家核心数据，实行更加严格的管理制度。"根据该款规定，关系到重大公共利益的数据属于国家核心数据，由此可断论，个人数据作为数据的一部分，在关涉重大公共利益的情况下，当然也就属于国家核心数据。

根据《数据安全法》第21条第1款的规定，国家根据数据在经济社会发展中的重要程度，以及一旦遭到篡改、破坏、泄露或者非法获取、非法利用，对国家安全、公共利益或者个人、组织合法权益造成危害程度，建立数据分类分级保护制度。关系到重大公共利益的个人数据作为国家核心数据，当然应当受到最高等级的保护。在此情形下，作为个人数据的个人属性无疑应当次优于其公共属性，对个人数据的使用也就具有了基于重大公共利益需要的合理性与正当性，基于个人数据保护的限制性规定或者禁止性规定也都应当让位于公共利益需要，而无须事先征得个人同意。同时，对于任何阻碍个人数据利用，或者通过虚构、篡改等方式改变个人数据分析结果或者用途的行为，由于其已不仅涉及对个人权利的侵害或者威胁，而更多表现为对公共利益或者国家利益的侵害或者威胁，因而应当基于涉及重大公共利益的个人数据为国家核心数据的立场，将该类行为认定为是对重大公共利益的侵害，是对国家安全、社会安全的威胁，追究行为人的刑事责任，并根据违法行为的严重程度，确定相应的罚则。

（2）对于基于一般公共利益目的需要使用个人数据的情形，《刑法》应当在充分尊重个人数据权利的前提下，合理确定侵害个人数据行为的犯罪界限。处理公共利益与个人权利之间的关系，首先要解决的是以何者优先的问题。2017年10月18日，习近平总书记在十九大报告中指出，要加强思想道德建设，加强集体主义教育，明确了新时代建设时期集体主义的重要性，也指明了处理集体利益与个人利益发生冲突时的基本原则，揭示了"只有在集体中才可能有个人自由"这一重要论断。❶ 个人利益服从于集体利益、民族利益与国家利益，公共利益具有较之于个人利益而言的当然优先性，是当代中国集体主义优先论下的必然结论。

在基于一般公共利益需要目的而使用个人数据的情况下，个人数据权利应当无条件地妥协于公共利益需要。然而，集体利益是所有个体成员利益的统一，个体的正当利益与集体利益密不可分，集体主义的一个重要内容就是要促进与保障个人正当利益的实现，这不仅是集体主义的必然之义，也是集体主义能够得以存在和发展的根基之所在。在集体利益与个人利益发生冲突时，纯粹的个人主义或者集体主义都过于片面，强调集体主义的优先性并在此前提下尽可能地保护好个人利益，是解决集体主义语境下集体利益与个人利益冲突的妥适选择。

研究基于公共利益需要的个人数据利用的必要与限度问题，其实质就是在集体主义的时代立场下如何平衡公共利益与个人利益的关系问题。暂以为，可适用比例原则，从适当性、必要性与相称性3个方面，对能否基于一般公共利益需要而利用个人数据进行研究。首先，根据适当性要求，使用个人数据应当是为了满足公共利益需要或者至少是有助于公共利益达成的、正确的手段。

---

❶ ［德］马克思、恩格斯：《德意志意识形态》，《马克思恩格斯全集》（第3卷），第84页。

换言之，只要有助于公共利益实现之目的，使用个人数据就具有适当性，即便最终的结果不符合预期目标，也不应认为使用个人数据的行为侵害了其数据权利。其次，根据必要性要求，在已经没有任何其他能给数据主体造成更小侵害而又能达成公共利益要求的替代措施的情况下，就可以认为某种特定的基于公共利益需要而使用个人数据的行为是正当的。最后，根据相称性要求，利用个人数据的行为应当与为实现公共利益而需要使用的数据的范围、种类、使用方式等之间相称，即不能超出为实现公共利益所需而滥用个人数据，对个人数据的利用应当严格保证在一定范围之内。在为实现公共利益而利用个人数据并因此可能严重损害数据主体利益的情况下，就更应该严格遵循比例原则。当然，对于因阻碍个人数据利用而造成公共利益受损的情况，基于《刑法》的严厉性、强制性考虑，只有在损害后果严重的情况下，始能考虑刑罚处罚。

（3）在关于个人数据权利与公共利益的法益衡量中，应坚持综合性原则。个人数据是个人数据权利的核心内容，但数据本身所具有的中性特征并不能表明其对于个人数据权利而言所具有的价值性，因而个人数据的价值端赖于其被利用时所起的作用，以及该数据与其他数据所形成数据链的规模及对于利用者而言的重要程度。就此而言，在进行个人数据权利与公共利益的法益衡量时，对个人数据权利的法益衡量应着眼于数据本身的敏感程度、数据的性质，以及所利用的个人数据的规模等，预估其价值效益以及基于公共利益需要而进行让渡后可能导致的个人权利的损失。对于需要利用个人数据的公共利益的法益衡量，则应基于该公共利益可能涉及的受众区域、受众范围、受众规模、受众成分等因素，关注其实现后可能产生的经济价值、社会价值、安全价值、以及对于国民经济与社会发展可能产生的潜在价值等，进行综合评估。

另外，对因利用个人数据而可能造成的个人数据权利的损失及公共利益的增益的比较，还应考虑到对于社会整体价值观的形塑与影响。作为一种无形资产，价值观作为人关于价值本质的认识和对人及事物的评价标准、评价原则、评价体系，对人的行为起着规范与指导作用。符合社会客观发展趋势的价值观将激励、引导社会公众作出更为正向、更具积极性的行为选择，而偏离了社会发展规律的价值观则会阻滞社会的发展。对个人数据权利与公共利益的法益衡量，其实质也是一种价值观的选择与价值比较，其结果无疑将对大数据条件下如何利用个人数据、如何保障个人数据权利的法律抉择与政策决断有重大影响，对个人价值与公共价值的权衡与比较进行价值观念层面的规范与引导，对国家如何更好地保护数据、利用数据、最大限度地保障权利、保护社会起到重要作用。

二、兼及数据技术发展需求，寻求数据权利与数据权力之间的平衡保护

除了国家数据权力之外，与公民个人数据权利可能存在冲突的还有企业数据权力。个人数据权利的形成，得益于高度发展的大数据技术，正是由于大数据技术的产生与发展，使得个人数据具有了前所未有的价值，个人数据权利得以在大数据时代成为一种特有的个人权利。而大数据技术的发展依靠的是数据平台的形成与发展，以及互联网产业的形成。互联网是保护数据权利得以形成的客观基础，没有互联网技术的加持，个人数据则仍会是传统意义上的个人信息载体，个人数据权利也将成为无本之木，因

而就一定意义而言，数据权利是互联网技术发展到一定程度的产物，数据权利的形成得益于互联网的发展。此外，由于数据权利是借助于大数据技术而形成，数据权利受到侵害的情形大多也是基于数据技术而产生，很难想象不借助于数据技术的、传统的犯罪方式如何对数据权利进行侵害，因而对数据权利的保护除了完善的法律法规之外，也必须借助于大数据技术，借助于高度发达的互联网产业。就此而言，互联网、大数据的发展对于个人数据权利而言是一把"双刃剑"，既促进了数据权利的形成，也可能对数据权利形成侵害。与此同时，对侵害数据权利的行为，又必须借助数据技术予以有效制约。

数据技术的发展是数据企业生存和发展的必要的物质保障。在互联网、物联网、人工智能高速发展的今天，任何不关注技术发展、不着重于技术进步的互联网企业都难有长远的发展潜力，很有可能是昙花一现，因而对数据技术的重视是互联网企业的立业之本。对于互联网企业而言，要发展数据技术就必须有所投入，而这种成本投入需要以企业的盈利为基础。这就形成了一个企业发展的必要循环，即以投入促产出，以产出促盈利，最后再以盈利促投入。互联网企业对于数据的获取、存储、梳理、展示等环节都需要持续投入大量的资金，数据积累的原始过程也十分漫长。不仅如此，在收集到原始数据后，企业还需要对数据进行有效的保存与分析，才能加以利用，收集后的数据成为支撑企业发展、保持企业竞争优势的资源和条件。

大数据时代下，数据的价值也是企业盈利的一部分，因为海量的个人数据依附于互联网企业的技术。互联网企业需要通过对这些数据进行整理、分析，或者为了提高营销效率而利用，或者为了某种商业价值而进行行业内的利用。总而言之，基于数据技术发展而产生的海量个人数据对于互联网企业而言不仅是产出，更是盈利的重要资源。就此而言，这些来源于个人数据主体的数据虽然具有个人属性，但可以脱离个人而存在，成为一种与纯粹个人数据相区别的企业数据。

我国现行《刑法》虽然在个人数据的保护方面表现强势，但就保护模式而言，并没有兼顾到数据在社会化过程中与企业数据权力的平衡问题。这就在事实上导致个人数据权利面临立法保护上的不足。在一个"商业监视"的时代，个人数据的暴露已显现出全景式特征，互联网企业作为数据的直接控制者，不仅分享着数据带来的经济效益，也分享了原本属于政府的部分社会权力，通过网络对社会进行着直接或者间接影响。例如，有论者就明确主张，通过对个人敏感隐私数据强化保护，以及强化个人一般信息数据的商业利用和国家基于公共管理目的的利用，实现个人、信息业者和国家三方利益平衡，应当作为我国个人信息保护法的理论基础。[1]

互联网企业虽然是基于自身投入与发展需要而利用个人数据，利用个人数据是企业数据权力的一部分，但这种数据权力无疑将影响作为数据主体的个人的数据权利。对于互联网企业而言，数据作为一种新的资源类型，是企业的竞争力、生产力和赖以生存与发展的重要动力。企业数据权力的行使与个人数据权利冲突的必然性就在于，围绕着获取数据信息资源的竞争纷至沓来，因而互联网企业为了更好地参与竞争，就要不断获取新的数据资源并对之加以利用，以此获得海量数据的规模效益。与此同时，数据还可以激发企业进行更多的商业模式创新，催生出互联

---

[1] 参见张新宝：《从隐私到个人信息：利益再衡量的理论与制度安排》，载《中国法学》2015年第3期。

网企业的新业态，以此形成更高层面的、更多形式的、更为复杂的竞争，从而导致互联网企业更大规模地获取数据、更为多元地进行分析利用，从而也就进一步形成对个人数据权利的可能侵害。

进行企业数据与个人数据的界分，并不意味着个人与企业之间进行数据权益归属的转移。防止企业数据权力对公民个人数据权利的可能侵害，是个人数据权利保护的核心内容，也是刑事立法必须关注的重要课题。在数据权利保护中引入以场景为导向的、动态的情境完整性理论，成为近年来学界试图探讨个人数据有效保护的新路径。该理论基于动态的分析系统而成，将数据置于交换时的情境之中，以参与人、数据类型与传输原则为参数，对数据应用进行是否具有"适当性"的判断。[1]

情境完整性理论首次由康奈尔大学的海伦·尼斯堡（Helen Nissenbaum）教授提出，用以回应社会网络环境中的隐私问题。在海伦·尼斯堡教授看来，在高度发达的网络社会中，对于个人隐私权的侵犯，除了政府机构、公司企业之外，另外一个不容忽视的主体就是数据主体在社会网络中的好友及其他熟悉或者陌生的人。而被侵犯的信息，可能并不是数据主体的敏感性信息，但却害了数据主体的利益，之所以造成如此结果，是因为个人数据在传播过程中违背了"情意脉络完整性"的理论原则。也即，人们的活动处于多种社会情境之中，而每一个情境都有一整套与之相匹配的社会规范。某一特定情境下的社会规范与其他情境下的规范是不同的，它塑造并限制着人们的角色、行为，使之控制个人数据以满足特定情境下的他人期待。数据在流通过程中的这种社

---

[1] 参见倪蕴帷：《隐私权在美国法中的理论演进与概念重构——基于情境脉络完整性理论的分析及其对中国法的启示》，载《政治与法律》2019年第10期。

会情境,❶是基于一般人判断的社会法则。

根据情境完整性理论的观点,数据对于数据主体的意义,完全取决于其所处的情境脉络中,不存在脱离了情境脉络的数据,因而判断数据在传播过程中是否被侵害,必须要根据当时所处的具体社会情境而定。凡是遵守了特定社会情境下的社会规范时,数据就不可能被侵害,而一旦违背特定社会情境下的社会规范时,情境脉络的完整性就受到破坏,个人数据也就面临被侵害的危险。据此,数据的收集人、传输者等参与主体只要基于特定情境对数据进行合规范化处理,其行为就是适当的。例如,数据企业基于技术发展目的而对相关数据的分类收集、国家行政机关基于社会管理需要对个人数据的收集等,都是基于特定情境的适当行为。数据的流通过程不仅要受到流通规范的限制,也要流向特定的对象,不能超越情境限制。因此,数据企业向关联企业提供数据以进行商业情势分析,只要数据脱敏且被用于特定目的,就是适当的,该关联企业如果将所获得的数据进行扩散,则超越了社会一般人的认识而超越了特定情境,存在可能侵犯个人数据权利的风险,因而不具有适当性。

情境完整性理论的核心在于其是基于动态的判断系统而成,破除了传统理论在关于是否侵犯个人数据权利时的静态认定标准,如此就兼顾了企业数据权力与个人数据权利之间的平衡而具有相当的合理性。对于讲求稳定性、可预见性与抽象化的刑法立法而言,要有效解决现行立法在个人数据权利保护过程中可能涉及的侵权问题,情境完整性理论不失为一种可行的问题解决思路。司法机关在关于数据企业是否侵犯个人数据权利认定中,应基于系统的社会论的视角,从数据流通过程中的参与人、流通数据的类

---

❶ 参见[美]海伦·尼斯堡:《尊重隐私保护场景:为何场景的意义很关键?》,王苑译,《2018年中国数据法律高峰论坛会议论文》,第8页。

型及保护限度、流通原则及流通对象限定等方面，就数据权力与数据权利的动态平衡进行社会情境的一般性判断。此外，司法机关在关于数据权力是否构成侵害数据权利犯罪的认定中，应既关注权利的正当性与保护的重要性，也赋予数据企业一定的权力空间，防止因过度强调数据权利保护而阻碍了数据技术发展，尤其是对于数据企业基于国家安全、公共安全等需要而形成的针对个人数据的侵害行为。

三、完善附属刑法规范设定，明确跨境数据流动中的相关刑事责任

随着全球贸易、技术交流、资源共享等跨国合作的日益频繁，包括个人数据在内的数据流动规模不断扩大，数据跨境流动成为国际社会普遍关注的问题。通常情况下，跨境数据流动意味着对跨越国界的数据进行读取、存储与处理等活动，不仅包括数据的流入，也包括数据的流出。对跨境数据的入境的规制，一般主要涉及互联网审查，即数据流入国根据本国的数据管理规则，对违反本国法律法规、政策制度、公序良俗等的相关数据进行筛选、甄别、审查后，予以互联网层面的直接屏蔽或者过滤。而数据的跨境流出，则意味着可能关系到本国的相关数据通过互联网流通的方式被他国所占有、支配、分析，进而可能影响到本国的国家安全、社会安全与经济安全等。加之跨境数据流动的类型不同，各种数据的综合流出很可能影响数据经济下数据流出国的总体安全，因而对跨境数据流动法律规制的研究，多集中在一国对于本国包括个人数据在内的数据流出的管理与规制上。

为了切实保障数据跨境流动安全，包括美国、欧盟在内的多个国家与地区都在积极制定数据跨境流动规则，如欧盟为了加强

对数据的管控，确定了欧盟数据保护的法律框架，在通过了《欧盟非个人数据自由流动框架条例》以促进欧盟内部数据的自由流动的同时，也通过 GDPR 的颁布实施加强对数据向境外流出的管控，并通过长臂管辖的方式加大对欧盟个人数据的境外保护力度。

我国互联网技术的迅速发展加之与海外贸易的加强，使得数据跨境流动成为关涉国家安全的重要议题。作为全球最大的跨境电子商务市场，我国的跨境贸易规模巨大，而大量的电子交易包含着海量的个人数据，因而在保障个人数据跨境流出方面，我国存在着重大利益关切。自 2021 年以来，我国国内数据安全领域的立法进展迅速，跨境数据流动规则的法律框架逐渐形成。为了确保国家的数据安全利益及公民个人的数据安全，《数据安全法》于第 7 条明确规定："国家保护个人、组织与数据有关的权益，鼓励数据依法合理有效利用，保障数据依法有序自由流动，促进以数据为关键要素的数字经济发展。"这表明了对数据流动规制的基本立场。2020 年签署的《区域全面经济伙伴关系协定》（RCEP）也新增了有关跨境数据流动的条款，如该协定第 12 章第 15 条"通过电子方式跨境传输信息"规定，缔约方认识到每一缔约方对于通过电子方式传输信息可能有各自的监管要求，本条的任何规定不得阻止一缔约方为了其公共政策目标所必要的措施或者对保护其基本安全利益所必需而采取的措施，应当通过电子商务圣诞的方式，对电子商务跨境流动中的相关问题进行解决等，"总体上为跨境数据流动规定了'原则+例外'的规制模式"。[1] 另外，随着我国数据技术的发展及在跨境数据流动问题

---

[1] 谭观福：《数字贸易中跨境数据流动的国际法规制》，载《比较法研究》2022 年第 3 期。

上相观立场的逐渐开放，关于跨境数据流动的相关规则也不再保守，而是开始与国际标准对接，以便在能够通过技术保障而使得数据得到有效保护的同时，使国内市场能够更好地融入国际市场。

我国《网络安全法》第37条也对数据跨境流动作出规定，要求关键信息基础设施的运营者在中华人民共和国境内运营中收集和产生的个人信息和重要数据应当在境内存储。因业务需要，确需向境外提供的，应当按照国家网信部门会同国务院有关部门制定的办法进行安全评估；法律、行政法规另有规定的，依照其规定。《网络安全法》第66条规定，对于关键信息基础设施运营者违反第37条规定，在境外存储网络数据或者向境外提供网络数据的，由有关主管部门责令改正，给予警告，没收违法所得，处5万元以上50万元以下罚款，并可以责令暂停相关业务、停业整顿、关闭网站、吊销相关业务许可证或者吊销营业执照；对直接负责的主管人员和其他直接责任人员处1万元以上10万元以下罚款。很显然，《网络安全法》第66条的规定是对该法第37条的回应，确切说是对于第37条罚责的规定，即对于违反第37条规定的行为，无论其情节及后果如何，都只给予行政法层面的处罚；对于关键信息基础设施的运营者在因业务需要而对于在境内收集和产生的个人数据向境外提供的，即便情节严重或者造成严重后果，也不能给予刑罚处罚。在数据作为国家重要战略资源的当下，《网络安全法》第66条未以附属刑法的形式对包括个人数据在内的重要数据予以保护的规定值得商榷。

对于作为非关键信息的一般信息基础设施的运营者、网络服务商、以及跨国企业等在生产经营中确需向境外提供个人数据的，相关个人数据的种类、范围及程序规则等，《网络安全法》未作出任何规定。而诚如前文所言，包括个人数据在内的一般数据通常情况下不会危及国家安全、社会安全或者个人的人身与财产安全，但是在规模数据的情况下，海量数据的收集与分析可能也会集中反映出一个国家或者地区的政策走向、商业布局或者个人动态等关键信息。不仅如此，一般数据与关键数据本身也不存在绝对的界限，在特定情况下，两者之间不仅可能相互转化，而且可能会存在一定的模糊地带。通常情况下，一般数据在某种特定情况下也可能转化为关键数据，因而作为一般数据提供者的基础设施的运营者、网络服务商等，也可能成为关键数据的主体占有者，其行为也有可能导致包括个人数据在内的数据的泄露、滥用等严重情况。然而《网络安全法》对此则均未涉及，由此所可能引发的不利后果，当然也就缺乏相应的法律救济，就严密法网而言，《网络安全法》第66条的规定尚欠缺周全。

《刑法》作为其他法律法规的补充法，以其严厉性、强制性作为保护其他法律法规所涉规范健康运行的保证。但是，刑罚权的发动必须以所处罚对象违反了前置性行政性法律法规为前提，这不仅是由《刑法》的补充法性质所决定的，也是由刑罚资源的昂贵性所决定的。在行政性法律法规尚未予以规制的情况下，《刑法》原则上不应提前介入。以此为前提检视《网络安全法》的相关规定，主要问题无疑可归结为二：一是未对关键数据违法跨境情节严重或者结果严重情况下的刑事责任作出规定，导致对于可能达到刑罚处罚必要性的严重违法行为，相关的处罚仅止步于行政处罚；二是对于一般数据违法跨境流动可能引发的实质性违法行为缺乏类型化规定，导致针对一般数据跨境可能引发的严重违法缺乏相应的惩罚措施。

为此，立法者应当基于网络技术不断发展的现状与违法手段、违法类型以及违法后果的可能影响等的未来趋势，基于立法的前瞻性、可预性、严密性等考虑，充分认识跨境数据流动的重要性及其可能导致的国家安全、社会安全与个人数据安全问题，不仅对违反《网络安全法》的违法行为进行补全，对可能引发数据安全的类型化行为作出尽可能详细的规定，而且要对《网络安全法》的相关罚则作出规定，在对相关行为的民事责任、行政责任予以明确的基础上，以附属刑法规范的形式明确对于达到刑事可罚性行为追究刑事责任的规定，以达到在前置性法律法规中完善罚责体系的目的。此外，基于行刑衔接考虑，《刑法》立法应当作出与附属刑法相对接的刑罚规则。

对于《网络安全法》等前置性法律法规中所涉附属刑法规范与《刑法》的衔接问题，不仅要考虑到行为类型化的对接，要兼顾行政性法律法规的因时易变性与刑法规范较高的可预见性所要求的稳定性之间的协调，也要考虑到刑罚体系的相对平衡，以保证刑法立法层面的罪责刑均衡。相对于其他附属刑法规范与《刑法》的衔接而言，涉数据的行刑衔接由于数据技术迅速发展而引发的数据扩张及反数据规范行为的复杂化、隐蔽化与多变化，因而具有更高的复杂性，立法者应当在充分考虑立法现状、立法发展与立法技术的前提下，尽可能地完善应对体系。主要可从以下路径切入：

一是立法基于现行《刑法》的规定，基于刑法解释学的视角，根据跨境数据流动中违法行为的类型，进行解释学层面的问题应对。一般而言，侵犯公民个人数据，微观而言，主要侵犯到公民的人身安全与财产安全；就中观而言，主要侵犯到社会秩序与公共安全；就宏观而言，则涉及国家安全。因而解释者可基于我国《刑法》的现行规定，对侵犯公民个人数据的行为，分别根据《刑法》分则第 1 章危害国家安全罪等类罪中的相关个罪进行规制，第 2 章危害公共安全罪，第 4 章侵犯公民的人身权利、民主权利罪，第 6 章妨害社会管理秩序罪。当然，公民的个人数据也可能涉及经济安全、军事安全、国防安全等具体安全，现行《刑法》中关于商业秘密、军事安全、国防安全等的相关规定也可能涉及，如《刑法》分则第 10 章中非法获取军事秘密罪、为境外窃取、刺探、收买、非法提供军事秘密罪、故意泄露军事秘密罪、过失泄露军事秘密罪等，由于特定条件、特定场合以及特定关键个人数据可能与军事秘密有关，因而也可作为解释对象。就此而言，解释学路径下的侵犯公民个人数据的行为可能涉及现行《刑法》所规定的各大类罪，解释的面向不应有所限制，而应以现行规定为根据，在不违反解释基本原理的情况下，进行合目的性的解释。

二是根据情势发展的需要，在不违背解释学基本原理的前提下，穷尽解释路径仍无法使所涉违法行为为现行刑法规范涵摄的情况下，就应当通过增设或者修改现行立法中的相关规定而予以回应。换言之，当由于犯罪手段翻新、犯罪类型变化等而使得违法跨境数据流动出现新的行为类型时，受立法技术等条件所限，现行立法确实对于新出现的行为类型无法进行规制，或者基于现行相关立法而对新出现的跨境数据流动违法行为类型进行规制可能导致类推嫌疑时，解决问题的唯一路径就在于修正立法，如增设新罪、增加现有立法的罪状条款、对现有立法罪状进行技术修正以增大其涵摄度等。值得一提的是，随着网络技术的发展，不仅个人数据的保护手段、保护方式、保护力度、对侵犯个人数据权利的规制措施等得到了加强，侵犯个人数据权利的违法行为同样也由于网络技术的发展而可能呈现出更为隐蔽、更为严密、更为复杂的特点，因而立法者应当在着眼于提高刑法立法技术、开阔立法视野、预判立法前景的同时，也应密切关注网络技术的发展，涉及个人数据权利立法应当充分注重网络技术的专业特点，在完善刑法立法体系的同时，也要尽量实现刑法立法与其他前置性法律规范的体系统一性，满足《刑法》对社会治理需求的回应性。